稳中求进的中国经济

张占斌 主编

人民出版社

策划编辑：郑海燕

责任编辑：郑海燕

责任校对：吴容华

封面设计：吴燕妮

图书在版编目（CIP）数据

稳中求进的中国经济／张占斌 主编 . — 北京：人民出版社，2020.4

ISBN 978－7－01－021931－8

I. ①稳… II. ①张… III. ①中国经济－经济发展－研究 IV. ① F124

中国版本图书馆 CIP 数据核字（2020）第 036405 号

稳中求进的中国经济

WENZHONG QIUJIN DE ZHONGGUO JINGJI

张占斌 主编

人民出版社 出版发行

（100706 北京市东城区隆福寺街 99 号）

北京中科印刷有限公司印刷 新华书店经销

2020 年 4 月第 1 版 2020 年 4 月北京第 1 次印刷

开本：710 毫米 ×1000 毫米 1/16 印张：14.75 插页：2

字数：183 千字

ISBN 978－7－01－021931－8 定价：60.00 元

邮购地址 100706 北京市东城区隆福寺街 99 号

人民东方图书销售中心 电话（010）65250042 65289539

习近平总书记在主持中共中央政治局会议、分析研究2020年经济工作时，强调全面做好"六稳"工作。近年来，习近平总书记在国内考察、重要会议、国际活动等多个场合，对如何扎实做好"六稳"工作进行了详细阐述。

稳就业

要出台更多鼓励就业创业的措施，重点解决好高校毕业生、退役军人、下岗职工、农民工、返乡人员等重点人群的就业问题。

——在河南考察时的讲话
（2019 年 9 月 18 日）

要对就业困难人员及时提供就业指导和技能培训，确保他们就业有门路、生活有保障。

——在江西考察时的讲话
（2019 年 5 月 22 日）

要坚持就业优先战略，把解决人民群众就业问题放在更加突出的位置，努力创造更多就业岗位。

——春节前夕在北京看望慰问基层干部群众时的讲话
（2019 年 2 月 1 日）

来源：中国日报网

稳金融

经济是肌体，金融是血脉，两者共生共荣。我们要深化对金融本质和规律的认识，立足中国实际，走出中国特色金融发展之路。

——在第十九届中共中央政治局第十三次集体学习时强调
（2019 年 2 月 22 日）

金融活，经济活；金融稳，经济稳。必须充分认识金融在经济发展和社会生活中的重要地位和作用，切实把维护金融安全作为治国理政的一件大事，扎扎实实把金融工作做好。

——在第十八届中共中央政治局第四十次集体学习时强调
（2017 年 4 月 25 日）

防控金融风险，要加快建立监管协调机制，加强宏观审慎监管，强化统筹协调能力，防范和化解系统性风险。要及时弥补监管短板，做好制度监管漏洞排查工作，参照国际标准，提出明确要求。

——主持召开中央财经领导小组第十五次会议
（2017 年 2 月 28 日）

稳外贸

我们应该坚持以开放求发展，深化交流合作，坚持"拉手"而不是"松手"，坚持"拆墙"而不是"筑墙"，坚决反对保护主义、单边主义，不断削减贸易壁垒，推动全球价值链、供应链更加完善，共同培育市场需求。

——在第二届中国国际进口博览会开幕式上的主旨演讲
（2019 年 11 月 5 日）

我们不刻意追求贸易顺差，愿意进口更多国外有竞争力的优质农产品、制成品和服务，促进贸易平衡发展。

——在第二届"一带一路"国际合作高峰论坛开幕式上的主旨演讲
（2019 年 4 月 26 日）

我们必须坚持对外开放的基本国策，奉行互利共赢的开放战略，深化人文交流，完善对外开放区域布局、对外贸易布局、投资布局，形成对外开放新体制，发展更高层次的开放型经济，以扩大开放带动创新、推动改革、促进发展。

——在党的十八届五中全会第二次全体会议上的讲话
（2015 年 10 月 29 日）

来源：中国日报网

稳外资

中国已实施准入前国民待遇加负面清单管理模式，未来将继续大幅缩减负面清单，推动现代服务业、制造业、农业全方位对外开放，并在更多领域允许外资控股或独资经营。

——在第二届"一带一路"国际合作高峰论坛开幕式上的主旨演讲

（2019 年 4 月 26 日）

中国将不断完善市场化、法治化、国际化的营商环境，放宽外资市场准入，继续缩减负面清单，完善投资促进和保护、信息报告等制度。

——在第二届中国国际进口博览会开幕式上的主旨演讲

（2019 年 11 月 5 日）

中国致力于促进更高水平对外开放，坚定支持多边贸易体制，将在更广领域扩大外资市场准入，积极打造一流营商环境。

——向 2019 年中国国际服务贸易交易会致贺信

（2019 年 5 月 28 日）

稳投资

要进一步清理、精简涉及民间投资管理的行政审批事项和涉企收费，规范中间环节、中介组织行为，减轻企业负担，加快推进涉企行政事业性收费零收费，降低企业成本。

——在民营企业座谈会上的讲话

（2018 年 11 月 1 日）

要科学评估财政收支状况、集体经济实力和群众承受能力，合理确定投资规模、筹资渠道、负债水平，合理设定阶段性目标任务和工作重点，形成可持续发展的长效机制。

——在第十九届中共中央政治局第八次集体学习时的讲话

（2018 年 9 月 21 日）

要坚持引导市场预期，提高政策质量和透明度，用稳定的宏观经济政策稳住市场预期，用重大改革举措落地增强发展信心，特别要坚持基本经济制度，鼓励民间投资，改善企业微观环境，创造各类企业平等竞争、健康发展的市场环境。

——主持召开中共中央政治局会议

（2016 年 7 月 26 日）

来源：中国日报网

稳预期

要增强信心、保持定力、坚定底气，统筹国内国际两个大局，坚持稳中求进工作总基调，促进经济持续健康发展。既要看到经济运行中的困难和问题，又要看到我国经济长期向好的趋势没有变，坚定不移深化供给侧结构性改革，培育新的经济增长点，扎扎实实推动经济高质量发展。

——主持党外人士座谈会时强调

（2019 年 7 月 29 日）

当前，中国经济稳中向好，国内生产总值增速连续多年保持在 6 % 以上的合理区间。我们将在近期采取措施的基础上，进一步推出若干重大举措，加快形成对外开放新局面，努力实现高质量发展。

——在二十国集团领导人峰会上关于世界经济形势和贸易问题的讲话

（2019 年 6 月 28 日）

我国经济已由高速增长阶段转向高质量发展阶段，需要跨越一些常规性和非常规性关口。这是一个凤凰涅槃的过程。如果现在不抓紧，将来解决起来难度会更高、代价会更大、后果会更重。我们必须咬紧牙关，爬过这个坡，迈过这道坎。

——在全国生态环境保护大会上的讲话

（2018 年 5 月 18 日至 19 日）

新冠肺炎疫情不可避免会对经济社会造成较大冲击。越是在这个时候，越要用全面、辩证、长远的眼光看待我国发展，越要增强信心、坚定信心。综合起来看，我国经济长期向好的基本面没有改变，疫情的冲击是短期的、总体上是可控的，只要我们变压力为动力、善于化危为机，有序恢复生产生活秩序，强化"六稳"举措，加大政策调节力度，把我国发展的巨大潜力和强大动能充分释放出来，就能够实现今年经济社会发展目标任务。

——在统筹推进新冠肺炎疫情防控和经济社会发展工作部署会议上的讲话

（2020 年 2 月 23 日）

来源：中国日报网

目　录

前　言

　　2019 年我们成功举办了新中国成立 70 周年系列庆祝活动，极大地激发了全党和全国人民的爱国热情和奋进精神。近年来，面对国内外风险挑战明显上升的复杂局面，在以习近平同志为核心的党中央坚强领导下，全党全国贯彻党中央决策部署，坚持稳中求进工作总基调，坚持以供给侧结构性改革为主线，推动高质量发展，扎实做好"六稳"工作，保持了经济社会持续健康发展的态势。三大攻坚战取得关键进展，精准脱贫成效显著，金融风险有效防控，生态环境质量总体改善，改革开放迈出重要步伐，供给侧结构性改革继续深化，科技创新取得新突破，人民群众获得感、幸福感、安全感提升，"十三五"规划主要指标进度符合预期，全面建成小康社会取得新的重大进展。

　　成绩来之不易，根本原因在于我们坚持党中央集中统一领导，保持战略定力，坚持稳中求进，深化改革开放，充分发挥中央和地方两个积极性。在工作中，我们形成了一些重要认识：必须科学稳健把握宏观政策逆周期调节力度，增强微观主体活力，把供给侧结构性改革主线贯穿于宏观调控全过程；必须从系统论出发优化经济治理方式，加强全局观念，在多重目标中寻求动态平衡；必须善于通过改革破除发展面临的体制机制障碍，激活蛰伏的发展潜能，让各类市场主体在科技创新和国内国际市场竞争的第一线奋勇拼搏；必须强化风险意识，牢牢守住不发生系统性风险的底线。

我们必须清醒地认识到，我国正处在转变发展方式、优化经济结构、转换增长动力的攻关期，结构性、体制性、周期性问题相互交织，"三期叠加"影响持续深化，经济下行压力加大，特别是当前的新型冠状病毒肺炎（以下简称"新冠肺炎"）疫情对经济也造成了较多方面的影响。当前世界经济增长持续放缓，仍处在国际金融危机后的深度调整期，世界大变局加速演变的特征更趋明显，全球动荡源和风险点显著增多。

2019年年底召开的中央经济工作会议指出，实现2020年预期目标，要坚持稳字当头，坚持宏观政策要稳、微观政策要活、社会政策要托底的政策框架，提高宏观调控的前瞻性、针对性、有效性。要积极进取，坚持问题导向、目标导向、结果导向，在深化供给侧结构性改革上持续用力，确保经济实现量的合理增长和质的稳步提升。要继续抓重点、补短板、强弱项，确保全面建成小康社会。我国经济稳中向好、长期向好的基本趋势没有改变。

当前，我国正经受新型冠状病毒肺炎疫情的严峻考验。突如其来的疫情虽然给经济运行带来明显影响，但我国经济有巨大的韧性和潜力，长期向好的趋势不会改变。在党中央的坚强领导下，经过艰苦努力，疫情防控工作取得积极成效。我们要统筹做好疫情防控和经济社会发展工作，坚定不移贯彻新发展理念，深化供给侧结构性改革，打好三大攻坚战，全面做好"六稳"工作，发挥各方面积极性、主动性、创造性，把疫情影响降到最低，努力实现2020年经济社会发展目标任务，实现决胜全面建成小康社会、决战脱贫攻坚目标任务，完成"十三五"规划。

习近平总书记多次强调，领导干部要胸怀两个大局，一个是中华民族伟大复兴的战略全局，一个是世界百年未有之大变局，这是我们谋划工作的基本出发点。做好经济工作，推动经济工作稳中求进，也要牢牢把握好这两个大局。我们要增强忧患意识和全局意识，克服各种困难和风险挑战，保持战略定力。我们有党的坚强领导和中国特色社会主义制度的显著优势，有改革开放以来积累的雄厚物质技术基础，有超大规模的市场优势和内需潜力，有庞大的人力资本和人才资源，我们埋头苦干、稳中求进，就能够战胜各种风险和挑战，实现中国经济的高质量发展。

第一章　新态势：
科学研判中国经济发展形势

中国特色社会主义进入了新时代，我国经济发展也进入了新时代。当前世界大变局加速演变，世界经济发展格局处于深度调整之中，多边主义和包容发展仍是未来世界发展的主流，中国经济中长期发展中面临的"机"依然大于"危"。在国内，中国经济稳中向好、长期向好的基本趋势没有改变，面对社会主要矛盾的历史性变化，新时代的中国经济已由高速增长阶段转向高质量发展阶段，要坚持稳中求进工作总基调，在全面建成小康社会的基础上全面开启社会主义现代化强国建设新征程。

第一节　中国经济发展进入
新时代的新态势

习近平总书记代表党中央在十九大会议上郑重宣布："经过长期努力，中国特色社会主义进入了新时代，这是我国发展新的历史方位。"①2017年12月召开的中央经济工作会议着重指出，"中国特色社

---

① 习近平：《决胜全面建成小康社会　夺取新时代中国特色社会主义伟大胜利——在中国共产党第十九次全国代表大会上的报告》，人民出版社2017年版，第10页。

会主义进入了新时代，我国经济发展也进入了新时代"①。中国经济发展进入新时代，这是中国经济当前和今后一段时期最本质也是最显著的特征。中国经济发展进入新时代，这是一个新的历史起点。这个新起点，"就是中国全面深化改革、增加经济社会发展新动力的新起点，就是中国适应经济发展新常态、转变经济发展方式的新起点，就是中国同世界深度互动、向世界深度开放的新起点"②。中国经济发展进入新时代，社会主要矛盾发生历史性变化，经济已由高速增长阶段转向高质量发展阶段，适应和引领新常态成为经济发展的最大逻辑。

一、社会主要矛盾发生历史性变化

习近平总书记在党的十九大报告中强调，"中国特色社会主义进入新时代，我国社会主要矛盾已经转化为人民日益增长的美好生活需要和不平衡不充分的发展之间的矛盾"③。新时代社会主要矛盾的转化是个重大的政治论断，为我国发展指明了前进方向。我国稳定解决了十几亿人的温饱问题，总体上实现小康，到 2020 年将全面建成小康社会，人民美好生活需要日益广泛，不仅对物质文化生活提出了更高要求，而且在民主、法治、公平、正义、安全、环境等方面的要求日益增长。同时，我国社会生产力水平总体上显著提高，社会生产能力在很多方面进入世界前列，更加突出的问题是发展不平衡不充分，这已经成为满足人民日益增长的美好生活需要的主要制约因素。

---

① 《中央经济工作会议举行　习近平李克强作重要讲话》，新华网，2017 年 12 月 20 日。
② 《习近平出席 2016 年二十国集团工商峰会开幕式并发表主旨演讲》，《人民日报》2016 年 9 月 4 日。
③ 习近平：《决胜全面建成小康社会　夺取新时代中国特色社会主义伟大胜利——在中国共产党第十九次全国代表大会上的报告》，人民出版社 2017 年版，第 11 页。

我国社会主要矛盾的变化是关系全局的历史性变化，对党和国家工作提出了许多新要求。回顾我们走过的历史，在认识主要矛盾的问题上，我们曾经犯过错误、走过弯路，给党和国家、人民带来很大伤害。四十多年前党的十一届三中全会作出了重大决策，把全党的工作重点转移到社会主义现代化建设上来，开启了改革开放的伟大进程。在新时代，我们要认真总结历史经验教训，牢牢把握我国社会主要矛盾的变化，在继续推动发展的基础上，着力解决好发展不平衡不充分问题，大力提升发展质量和效益，更好满足人民在经济、政治、文化、社会、生态等方面日益增长的需要，更好推动人的全面发展、社会的全面进步。

我国社会主要矛盾的变化，没有改变我们对我国社会主义所处历史阶段的判断，我国仍处于并将长期处于社会主义初级阶段的基本国情没有变，我国是世界最大发展中国家的国际地位没有变。我们要牢牢把握社会主义初级阶段这个基本国情，牢牢立足社会主义初级阶段这个最大实际，牢牢坚持党的基本路线这个党和国家的生命线、人民的幸福线，领导和团结全国各族人民，以经济建设为中心，坚持四项基本原则，坚持改革开放、自力更生、艰苦创业，为把我国建设成为富强民主文明和谐美丽的社会主义现代化强国而奋斗。

二、全面建成小康社会进入决战决胜阶段

按照中央的战略部署，2020 年要全面建成小康社会，是全面建成小康社会的决战决胜之年。

全面建成小康社会，更重要、更难做到的是"全面"。"小康"讲的是发展水平，"全面"讲的是发展的平衡性、协调性、可持续性。习近平总书记反复强调，"如果到 2020 年我们在总量和速度上完成了目

标，但发展不平衡、不协调、不可持续问题更加严重，短板更加突出，就算不上真正实现了目标"①。首先，覆盖的领域要全面，是"五位一体"全面进步的小康。"千钧将一羽，轻重在平衡。"全面小康社会要求经济持续健康发展，人民民主不断扩大，文化软实力显著增强，人民生活水平全面提高，生态文明建设取得重大进展。这是一个整体性目标要求，它们之间相互联系、相互促进、不可分割。任何一个方面发展滞后，都会影响全面建成小康社会目标的实现。要坚持以经济建设为中心，全面推进经济建设、政治建设、文化建设、社会建设、生态文明建设，促进社会主义现代化建设各个环节、各个方面协调发展。其次，覆盖的人口要全面，是惠及全体人民的小康。坚持发展为了人民、发展依靠人民、发展成果由人民共享，全面小康才能真正造福全体人民。没有全民小康，就没有全面小康。全面建成小康社会，一个都不能少；共同富裕的路上，一个都不能掉队。不能一边宣布全面建成了小康社会，另一边还有几千万人口的生活水平处在扶贫标准线以下，这既影响人民群众对全面建成小康社会的满意度，也影响国际社会对我国全面建成小康社会的认可度。当前，要持续加大保障和改善民生力度，注重机会公平，保障基本民生，不断提高人民生活水平，实现全体人民共同迈入全面小康社会。最后，覆盖的区域要全面，是城乡区域共同发展的小康。小康不小康，关键看老乡。没有农村的全面小康和欠发达地区的全面小康，就没有全国的全面小康。要加大统筹城乡发展、统筹区域发展的力度，推进城乡发展一体化，把努力缩小城乡区域发展差距作为全面建成小康社会的一项重要任务。缩小城乡区域发展差距，不仅是缩小国内生产总值总量和增长速度的差距，而且是缩小居民收入水平、基础设施通达水平、

---

① 《习近平谈治国理政》第二卷，外文出版社2017年版，第78页。

基本公共服务均等化水平、人民生活水平等方面的差距。

在全面建成小康社会的决战决胜之年，要按照全面建成小康社会各项要求，紧扣我国社会主要矛盾变化，统筹推进经济建设、政治建设、文化建设、社会建设、生态文明建设，坚定实施科教兴国战略、人才强国战略、创新驱动发展战略、乡村振兴战略、区域协调发展战略、可持续发展战略、军民融合发展战略，坚持稳中求进工作总基调，坚持新发展理念，坚持以供给侧结构性改革为主线，坚持以改革开放为动力，推动高质量发展，坚决打赢三大攻坚战，全面做好"六稳"工作，统筹推进稳增长、促改革、调结构、惠民生、防风险、保稳定，保持经济运行在合理区间，把党领导经济工作的制度优势转化为治理效能，确保全面建成小康社会圆满收官，得到人民认可，经得起历史检验。

三、社会主义现代化强国建设即将全面开启

伟大的奋斗目标具有强大的引领、凝聚和激励作用。在不同的历史时期和发展阶段，根据人民意愿和事业发展需要，提出具有科学性、导向性和感召力的奋斗目标，是我们党团结带领人民推进党的事业和国家建设的一条重要经验。实现中华民族伟大复兴的中国梦，从经济战略讲，就是要在全面建成小康社会的基础上，加快从经济大国走向社会主义现代化强国，这是实现"两个一百年"奋斗目标的战略要求，这个目标彰显了党带领全国人民走向全面小康、走向中华民族伟大复兴的坚定意志和决心。

加快从经济大国走向社会主义现代化强国，是对历史经验与教训的深刻总结。近代以来，中华民族历经磨难。18 世纪中叶以后，英国进入工业化时代，而当时中国还处在农业社会和闭关锁国之中。1840 年，

英国依靠产业革命带来的坚船利炮打开了中国国门，中国开始沦为半殖民地半封建社会。面对灾难深重的民族苦难，中国共产党团结带领中国人民进行 28 年浴血奋战，建立了中华人民共和国，彻底结束了旧中国一盘散沙的局面。新中国成立后，在继续完成新民主主义革命任务、迅速恢复国民经济的同时，开始了现代化建设和民族振兴之路。党的十一届三中全会开启了党团结带领中国人民进行改革开放的伟大开端，开辟了中国特色社会主义道路，形成了中国特色社会主义理论体系，确立了中国特色社会主义制度，中华民族在图强振兴的道路上越走越坚实。唯有加快发展，依靠强大的经济实力，才能走向复兴，真正屹立于世界民族之林，这是历史的规律。

决胜全面建成小康社会的如期完成，必将为开启全面建成社会主义现代化强国新征程打下坚实基础。全面建成社会主义现代化强国分两个阶段安排。

第一个阶段，从 2020 年到 2035 年，在全面建成小康社会的基础上，再奋斗 15 年，基本实现社会主义现代化。到那时，我国经济实力、科技实力将大幅跃升，跻身创新型国家前列；人民平等参与、平等发展权利得到充分保障，法治国家、法治政府、法治社会基本建成，各方面制度更加完善，国家治理体系和治理能力现代化基本实现；社会文明程度达到新的高度，国家文化软实力显著增强，中华文化影响更加广泛深入；人民生活更为宽裕，中等收入群体比例明显提高，城乡区域发展差距和居民生活水平差距显著缩小，基本公共服务均等化基本实现，全体人民共同富裕迈出坚实步伐；现代社会治理格局基本形成，社会充满活力又和谐有序；生态环境根本好转，美丽中国目标基本实现。

第二个阶段，从 2035 年到 21 世纪中叶，在基本实现现代化的基础上，再奋斗 15 年，把我国建成富强民主文明和谐美丽的社会主义现代化强国。到那时，我国物质文明、政治文明、精神文明、社会文明、生态文明将全面提升，实现国家治理体系和治理能力现代化，成为综合国力和国际影响力领先的国家，全体人民共同富裕基本实现，我国人民将享有更加幸福安康的生活，中华民族将以更加昂扬的姿态屹立于世界民族之林。

中国现代化战略布局不是一次性完成的，而是在不断认识，反复实践、探索、创新之后形成的，在不断拓展中深化。党的十九大确定从2020 年到 2050 年的 30 年将分两个 15 年安排，不仅使实现第二个百年奋斗目标的路线图、时间表更加清晰，而且意味着原定的我国基本实现现代化的目标将提前 15 年完成。科学认识和把握这一既鼓舞人心又切实可行的奋斗目标、宏伟新蓝图，需要从新的历史方位、新的时代坐标来思考和谋划。

四、适应和引领新常态成为经济发展的最大逻辑

党的十八大以来，以习近平同志为核心的党中央，及时作出经济发展进入新常态、新时代的重大判断，指出我国经济已由高速增长阶段转向高质量发展阶段。这是对当前国内外宏观经济形势变化的准确分析判断，是对经济增长速度逐渐放缓和质量效益提高的深切关注，揭示了中国经济潜在增长率的新变化和未来经济社会发展的新趋势。我们要站在战略全局高度，认识、把握、适应、引领经济新常态，不断完善经济新常态的经济政策框架，这是当前和今后一个时期我国经济工作的大逻辑。

第一，经济增速由高速增长转向中高速增长。中国经济从 1978 年到 2011 年，在长时间里保持了年均 9.87% 的高速增长。在如此长的时

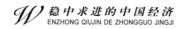

间跨度内，实现接近两位数的高速增长，取得了举世瞩目的经济奇迹。但 2012 年以后，GDP 增速由 2011 年的 9.6%，逐年下降至 7.9%、7.8%、7.4%、7.0%、6.8%、6.9%、6.7%，2019 年增速下降至 6.2%。图 1-1 为按季度呈现的经济增长趋势。

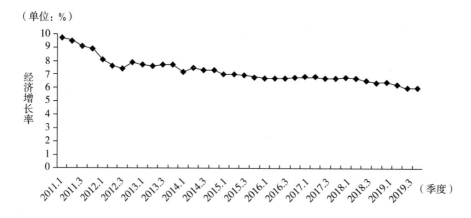

图 1-1　2011 年第一季度至 2019 年第四季度 GDP 增长速度

资料来源：根据国家统计局历年统计公报整理。

改革开放以来，中国经济持续快速增长的一个重要推动力就是人口红利。然而，据国家统计局公报显示，2015 年年末 16—59 周岁的劳动年龄人口总数减少 487 万，在全国总人口中占比由 2014 年年末的 67% 进一步降至 66.3%；60 周岁及以上老年人口达到 22200 万人，在全国总人口中占比由 2014 年年末的 15.5% 进一步提高至 16.1%。2018 年，65 周岁及以上老年人口达到 16658 万人，在全国总人口中占比由 2011 年年末的 9.1% 提高至 11.9%；总抚养比也由 2011 年的 34.4% 提高到 40.4%。人口红利的衰退直接推高了劳动力成本，增加了人口抚养比，降低了储蓄率，给中国经济下行带来压力。从需求端看，全球化红利衰退，外需减弱，外资退潮，中美贸易摩擦充满不确定性。自 2008 年国际金融危机爆发以来，西方发达国家受到了巨大冲击，全球经济遭遇重创。如今，全球经济仍然面临巨大挑战。世界经济全面复苏和健康增长，将是一个长期曲折的过程。在此背景下，制造业回归，贸易保护主义抬头，逆全球化声浪兴起，全球贸易的急速下降对中国出口造成前所未有的冲击。

第二，发展方式从粗放型增长转向集约型增长。多年来，我国经济发展方式主要是粗放型增长，注重数量而忽视质量，这种增长模式既加剧了资源的浪费，又造成了环境的污染，是难以持续的。经济新常态下，经济要提质增效，必须走集约型增长之路。集约型经济增长以提高生产要素的质量和使用效率方式进行社会再生产，主要特征是依靠技术进步、知识积累、增加人力资本和制度完善，突出全要素生产率和效益提升，基于不断提高经济效益、数量与质量、投入与产出相统一的良性循环经济，实现低投入、低耗能、低污染和高质量、高产出、高效益。其实质就是以提高经济增长质量和经济效益为中心。

走集约型增长之路是我国经济可持续发展的必然选择，是促进经济持续、协调、健康、较快发展的重要条件。一是保持经济持续稳定增长，需要走集约型增长之路。改革开放以来，我国经济出现了高速增长的态势，但是在经济发展的同时，由于增长方式、管理方式、体制机制等方面的原因，环境污染、生态破坏、要素瓶颈等问题也集中表现出来。有些问题还比较严重，比如雾霾已严重影响人民群众身体健康和日常生活，社会反响强烈。与此同时，我国资源利用效率低，资源、能源消耗量大。这种高投入、高消耗、高排放、低效率的粗放型扩张的经济增长方式已难以为继。二是提高经济增长质量和效益，需要走集约型增长之路。粗放型增长方式主要依靠要素的单纯投入，生产要素的质量和组合方式没有得到改善，实际生产率和增长质量并没有上升。同时，粗放型增长方式还导致能源、原材料产业的比重过大，不利于产业结构优化升级和经济增长质量的提高。三是减轻资源环境压力，需要走集约型增长之路。作为一个人口众多的发展中大国，我国的人均资源拥有量相对短缺，很多重要资源的人均拥有量大大低于世界平均水平。但长期以来，粗放型增长导致了对自然资源的过度消耗和对生态环境的严重损害。要实现到 2020 年 GDP 总量比 2000 年翻两番的战略目标，必须加快转变经济增长方式，走集约型增长之路，从根本上减轻经济发展目标对资源环境的压力，促进经济和社会可持续发展。

第三，产业结构从中低端转向中高端。改革开放以来，基于劳动力、土地、资本等廉价要素成本的产业低端化发展，在催生了我国四十余年经济高增长的同时，许多行业、企业长期被锁定于全球价值链的低端，在全球化生产和利益分配链条中处于劣势地位。在各产业内部，产业深化创新滞后，表现在高附加值和高技术产品比重偏低、工艺水平低下、"代工"长期居于价值链环节的主导地位等，从而使我国的产业增加值率、盈利能力、核心技术、产品档次等一部分落后于世界先进水平，这种状况必须改变。

国际经验表明，产业结构由中低端逐步转向中高端，既构成了一国经济在长期内实现可持续增长的基本动力和提升经济发展质量的基本保证，也是一国国际竞争力提升的重要标志。以日本为例，在 20 世纪 80 年代中后期经济泡沫破裂后，面对信息产业发展的历史性机遇，尽管日本的产业结构实现了由中低端向中高端的演进，但诸多因素决定其始终没有到达最高端，导致 90 年代至今，落入长期低增长陷阱，一直没有实现根本性扭转，也影响了其国际竞争力的提升。而美国不同，它利用其科技的强大优势，在第三次科技革命中，率先通过发展信息产业，成功实现了产业结构的攀升，实现了近十年的经济高增长。可见，全球化经济中，激烈的国际竞争实质上主要表现在各国的产业结构演进能力上。习近平总书记指出："新常态下，中国经济结构优化升级，发展前景更加稳定。"① 在经济优化升级中，产业转型升级是关键，推动产业结构由中低端向中高端转换是实现中国经济优化升级的主攻方向。

第四，增长动力由要素驱动、投资驱动向创新驱动转换。改革开放四十多年来，我国经济增长主要是依靠增加劳动力、资本和资源的投入。从当前情况看，随着人口红利、资源红利的消失以及金融抑制的存在，我国以要素驱动、投资驱动为主的发展道路已难以为继，增长动力由要素驱动、投资驱动向创新驱动转换成为适应经济新常态的必然要求。以往我国主要依靠要素驱动、投资驱动推动经济高速增长，导致我国经济发展质量不高、效益不好，产品多在中低端水平上参与竞争，在国际产业分工中赚的多是苦力钱，经济"大而不强"。同时，长期依靠要素驱动和投资驱动，还造成各类市场主体缺少创新意识、创新思维和创新活动，制约了我国产业结构优化升级，加大了经济从旧态势向新常态过渡的难度。告别旧态势，进入新常态的"先手棋"就是创新驱动。从美国等二十多个创新型国家的发展经验来看，要解决我国经济面临的深层次矛盾和问题，适应经济增长中高速、发展水平中高端的新特征和新要求，使中国经济发展更加符合客观规律，就必须加快由要素驱动、投资驱动为主向创新驱动为主转变，用好创新这把"金钥匙"。经过四十多年改革开放，我国积累了坚实的物质基础，有总量稳居世界第一的科技队伍，有持续创新的系列成果，一些重要领域跻

① 习近平：《谋求持久发展　共筑亚太梦想——在亚太经合组织工商领导人峰会开幕式上的演讲》，《人民日报》2014年11月10日。

身世界先进行列，某些领域正由"跟跑者"向"并行者""领跑者"转变。

第五，资源配置由市场起基础性作用向起决定性作用转换。习近平总书记指出："我们全面深化改革，就要激发市场蕴藏的活力。"①党的十四届三中全会提出，使市场在国家宏观调控下对资源配置起基础性作用，党的十八届三中全会提出，使市场在资源配置中起决定性作用。从"基础性"到"决定性"两字之更换对市场作用作出了全新的定位。这既是经济新常态下认识深化的必然产物，也是实践发展的客观要求。市场决定资源配置是市场经济的一般规律，市场经济本质上就是市场决定资源配置的经济。所谓资源配置，就是如何将各种生产要素用于不同商品的生产，以及将所生产的商品分配到各生产要素所有者。市场决定资源配置，就是让市场在所有社会生产领域的资源配置中处于主体地位，在经济活动中遵循价值规律，让价值机制、供求机制和竞争机制在资源配置中起决定性作用。当然，使市场在资源配置中起决定性作用，并不是说市场在资源配置中起全部作用。虽然市场配置与自然配置、计划配置相比是最有效率的资源配置方式，但在某些领域仍存在着市场失灵，需要发挥政府作用加以弥补。党的十八届三中全会明确提出，政府的职责和作用主要是保持宏观经济稳定，加强和优化公共服务，保障公平竞争，加强市场监管，维护市场秩序，推动可持续发展，促进共同富裕，弥补市场失灵。

第六，经济福祉从先好先富转向包容共享。经济福祉由先好先富转向包容共享，将是新常态下的长期趋势。改革开放之初，我们实行了让一部分人、一部分地区先富起来的大政策，调动了人民群众改革创新、

---

① 习近平：《谋求持久发展 共筑亚太梦想——在亚太经合组织工商领导人峰会开幕式上的演讲》，《人民日报》2014 年 11 月 10 日。

发展生产的积极性。这个政策是值得肯定的。现在我们强调"包容"，其要义是共享，是整个国家发展到了一个新阶段后提出的制度安排，包容性共享发展，并不是为了经济增长而不择手段，而是要通过合理的制度安排、公平正义的方式，让发展的成果普惠大众尤其是弱势群体，并由此构筑新的发展基础。

在一个发展不平衡、利益格局多元化的社会，提倡包容和共享，并非要泯灭一切差别、回到平均主义大锅饭的老路上去，也不是屈从于贫富分化、垄断等不良现象，因为这两者都会抑制发展活力，引发社会问题。有包容性的共享，就是要在正视合理差异的基础上，开辟一条既做大蛋糕又分好蛋糕的新路，为人们创造平等发展的环境、公平竞技的舞台，增强全社会的流动性，让真才实学者获得向上流动的机会，让教育、医疗等优质资源服务更多人，让普通劳动者从收入分配中得到更多"甜头"。

五、我国重大经济政策演进的最新特征

党的十八大以来，以习近平同志为核心的党中央，在科学判断我国经济发展进入新常态、新时代的基础上，重大经济政策发生主要改变。作为中国经济政策的风向标，党的十八大以来的中央经济工作会议诠释着我国重大政策的积极演进，深刻影响着中国经济发展和经济政策的制定及完善，值得我们高度关注，认真把握。

一是更加注重世界经济长周期变化及其带来的深刻影响，研判和揭示我国经济发展新常态的阶段性特征。"十三五"及今后很长一段时间，我国新的经济周期的显著特征是新常态，是大的历史时期更替变化的结果，这是不以人的意志为转移的客观规律，有其自身的特点和逻辑。进

入新的周期，走进新常态时代，需要新的战略方针、新的制度安排、新的思想方法、新的发展理念。

二是更加注重坚持社会主义市场经济改革方向，发挥市场在资源配置中的决定性作用。强调把社会主义市场经济体制作为社会主义基本经济制度的重要组成部分，要求坚持和完善社会主义基本经济制度，坚持社会主义市场经济改革方向不动摇，积极稳妥从广度和深度上推进市场化改革，使各方面体制改革朝着建立完善的社会主义市场经济体制、发挥市场在资源配置中的决定性作用这一方向协同推进，加快实现全面深化改革的目标。

三是更加注重宏观调控的创新，加快政府自身改革，更好地发挥作用。科学的宏观调控、有效的政府治理，是发挥社会主义市场经济体制优势的内在要求，要正确处理好政府与市场的关系，更好发挥政府作用，切实转变政府职能，健全宏观调控体系，大力实施简政放权，创新行政管理方式，加强市场活动监管，提高公共服务水平，促进社会公平正义，保持社会稳定有序。

四是更加注重经济结构的优化升级，实现实实在在和没有水分的绿色增长。加快推进需求结构、产业结构、城乡结构、空间结构、收入分配结构的调整优化，实现经济结构的优化升级。在提高经济质量和效益、推进绿色和可持续发展、改进考核手段方法等方面发力，将生态文明理念融入到经济发展之中，实现绿色增长。

五是更加注重发挥经济体制改革的牵引作用，推进和深化供给侧结构性改革。牢牢把握改革的领导权和主动权，以更大的政治勇气和智慧，坚决破除一切妨碍科学发展的思想观念和体制机制弊端，不失时机地以经济体制改革为重点，统筹推进财税、金融、土地、城镇化、社会保障、生态文明等基础性重要领域和关键环节的重大改革。多从供给侧结构性改革上想办法，努力实现供求关系新的动态均衡。

六是更加注重全面深化改革方式方法，调动各方面干事创业的积极性并形成合力。在新的历史起点上全面深化改革，必须增强改革的系统性、整体性、协同性，推进国家治理体系和治理能力现代化。要加强产权保护制度建设，保护企业家精神，支持企业家专心创新创业。加强对各种所有制组织和自然人财产权的保护。要抓住想干事、敢干事这两个关键点，健全正向激励机制，促进干部创造性开展工作。

七是更加注重破解"重大结构性失衡"，高度重视防范各种经济风险。我国经济运行面临的突出矛盾和问题，虽然有周期性、总量性因素，但根源是重大结构性失衡，导致经济循环不畅。我们要强化改革、主动破解，对各种潜在的经济社会风险保持清醒的认识，坚持底线思维，增强忧患意识，敢于跟风险赛跑，积极应对经济社会可能出现的各种重大风险挑战。

八是更加注重统筹国内国外两个大局和两种资源，实现更高水平的双向开放。要顺应深度融入世界经济的发展趋势，建立开放型经济新格局新体制，推进"一带一路"和自贸区建设，稳步推进人民币国际化，积极推动国际经济合作和全球经济治理，积极参与国际经济规则(标准)的制定，扩大在国际舞台的制度性话语权，努力为全球提供公共产品，构建广泛的利益共同体。

九是更加注重坚持以人民为中心的发展，切实保障和改善民生。以人民为中心的发展思想，是习近平治国理政的核心思想，不是一个抽象的、玄奥的概念，不能只停留在口头上，止于思想环节，而要体现在经济社会发展各个细节。一改革依靠人民；二发展成果由人民共享；三充分尊重人民所表达的意愿；四把最广大人民的智慧和力量凝聚起来。

十是强调加强党对经济工作的领导，提高党领导经济工作的能力。

坚持从严治党，深化对从严治党规律的认识，提高党的领导能力和执政能力。经济发展进入新常态，党领导经济工作的观念、体制、方式方法也要与时俱进。要加强党领导经济工作制度化建设，提高党领导经济工作法治化水平，增强党领导经济工作专业化能力，强化舆论引导工作。

第二节　世界大变局加速演变的趋势性特征

当前世界大变局加速演变，世界经济发展格局处于深度调整之中，中美贸易争端已经形成全球外部经济环境最大的不确定性，发展过程中面临的机遇与挑战并存。但是从长期看，多边主义和包容发展仍是未来世界发展的主流，中国经济中长期发展中面临的"机"依然大于"危"。未来世界经济规模格局、世界贸易格局、世界金融格局演变中均呈现多元化、多极化以及"东升西降"的大趋势，这将为中国积极参与全球治理、经贸合作等规则的制定创造历史机遇，也为中国经济稳中求进、赢得新一轮的全球化红利创造外部条件。

一、从面临的外部环境看，"机"依然大于"危"，这将形成中国经济稳中求进的战略机遇期

当下，世界政治经济格局正在发生与以往不同的更加深刻的变化和调整，这将对我国经济发展产生深远影响，机遇和挑战并存，但从中国经济中长期增长前景看，面临的机遇依然大于所受到的威胁，这将形成外部发展环境的战略机遇期。

从面临的机遇看：全球化发展趋势势不可挡，新兴经济体崛起。当前全球经济一体化进程没有停滞，虽然国家保护主义、民粹主义对经济全球化发展造成负面冲击，但不会导致全球化进程停滞，经济全球化仍将是历史大势。正如弗里德曼在《世界是平的》一书中全面阐释了碾平世界的十大动力那样，多边、包容、和平发展是未来世界发展的主流趋势。新兴经济体崛起，发展中国家在全球经济中地位更加重要，多元化趋势将更加明显。当前及未来一段时间，亚太地区已是全球经济增长的主要引擎。随着一大批新兴经济体和发展中国家群体性崛起，他们将成为拥护全球化发展的主力军，成为全球经济增长的领跑者，全球经济中心逐渐向亚太地区转移，这为亚太国家带来新的发展机遇。从中长期看，美国、日本和欧盟仍将是全球主要的经济强国，但在世界政治经济格局中相对地位逐渐衰退。发展中国家的经济体量占全球比重持续提升，这将为其参加全球治理创造更多机遇。全球中产阶级的一半都集中在欧美发达经济体，而到 2030 年约三分之二会集中在亚洲国家和地区，预计会超过 32 亿人。中等收入群体的持续扩大，将形成亚洲国家新的消费增长点。预计未来 15 年，部分发展中国家将延续城镇化进程，到 2035 年，全球的城镇化率将达到 61.7%，这将是未来全球经济增长的一个重要动力。

从受到的威胁看：中国经济中长期发展面临的外部环境不确定不稳定性因素增加，全球经济将处于低速增长期。国际货币基金组织认为目前正是一个全球国际关系框架和经济政策"不确定性增加的时期"。中美贸易摩擦将是一场持久战，未来相当长时间，打打谈谈或打打停停将是一种常态，贸易摩擦不断向深层次多领域扩散，已成为干扰我国经济运行和市场预期的外部最大不确定因素。据国际货币基金组织预测，2019 年全球经济增速比 2018 年降低 0.3 个百分点。其中，美国预计下降 0.4 个百分点，欧元区下降 0.2 个百分点。世界经济的脆弱性显著增加，经济增长面临的人口增速放缓、老龄化加速和环境保护日益严格等诸多约束，全球经济整体增速未必能恢复至历史平均水平，导致中国外需窗口期变窄，面临发达国家和发展中国家两头挤压。在全球价值链的下游，一些劳动密集型行业受到来自发展中经济体的劳动力低成本的挤压；在全球价值链的上游，产业链和价值链的高附加值环节，我国又不具备充足的竞争力，受到发达经济体的挤压。

但总的来看，"经济下行压力是全球共同面临的问题，中国逆势向好，成为世界经济'压舱石'和动力源"①。未来中国经济中长期增长面临的"机遇"依然大于"威胁"，中国在经济新常态阶段将开启一个新的经济增长周期。

二、从世界经济规模变化格局看，"东升西降"态势明显，这将极大提升中国未来参与全球治理的话语权和影响力

从世界经济发展历程来看，20 世纪 50—90 年代，发达国家进入了经济高速增长的"黄金时代"。1980 年，世界主要经济体位于美国和欧盟，分别占世界经济比重的 25.7%、34.1%，超过东亚经济体的 15.8%，发达国家经济这种"一统天下"的格局一直持续到 2000 年。21 世纪以来，发达国家在世界产出中的份额开始下降，由 2000 年的 77.4% 下降到 2016 年的 57.9%。并且主要发达经济体在全球经济中的占比同期也出现了下降，美国由 2000 年的 30.9% 下降至 2018 年的 24.0%，欧盟由 2000 年的 26.5% 下降至 2018 年的 21.8%。据国际货

---

① 国纪平：《中国有足够信心底气战胜任何困难挑战》，《人民日报》2019 年 8 月 13 日。

币基金组织统计，2018年新兴市场和发展中经济体的GDP占全球的40%，若按购买力平价计算则近60%，预计到2035年，发展中国家GDP规模将超过发达经济体，在全球经济和投资中的比重接近60%。从G7国家经济规模变动情况来看，巅峰时期，G7国家的经济规模曾经占了世界经济总量的70%，如今其规模逐渐衰减，G7国家2018年经济总量占全球比重已经降至30%以下，为历史最低水平，而新兴市场和发展中国家所占份额已经接近60%。据此可知，发达国家经济规模正在持续衰减。

然而，同时期发展中国家经济规模所占的比重则逐步上升。新中国成立七十多年来，中国经济取到了长足发展，对世界经济增长的贡献大幅提升。2010年中国超越日本成为全球第二大经济体，1979—2018年年均增长9.4%，远高于同期世界经济2.9%左右的年均增速，对世界经济增长的年均贡献率为18%左右，仅次于美国，居世界第二。2018年中国经济规模占世界经济的比重接近16%，人均国民总收入达到9732美元，高于中等收入国家平均水平。除此之外，中国的发展也带动了全球经济的增长，尤其是国际金融危机爆发后，中国等新兴和发展中国家对全球经济增长的贡献率高达80%。

整体看来，在当前世界经济竞争格局中，发达国家虽然还占主导地位，但是其整体经济规模和在全球发展中的地位和作用不断衰减，而发展中国家包括新兴市场国家的经济规模持续攀升。尤其是中国经济经过四十多年的高速发展，带来亚洲经济格局深刻变化的同时，也在推动世界经济版图中的东西方经济发展差距逐步缩小、演化趋势更加平衡，这为中长期发展中提升全球治理的话语权奠定了坚实基础。

三、从世界贸易变化格局看，多边主义仍是世界贸易发展的"大势"，这将为中国经济中长期增长营造良好的外贸条件

当前，国际经贸体系和世界贸易格局正处于深度变革时期，多边经贸体系改革愈发成为共识，发展中国家的贸易地位显著提升，多边主义和包容发展仍是未来世界发展的主流。从不断升级的中美贸易争端看，短期内，以美国为代表的国家保护主义、贸易霸权主义、单边主义抬头，肆意挥舞"关税"大棒对现行国际经贸规则和国际贸易体系产生较大冲击，并驱使贸易摩擦向金融资本、国际投资、技术服务等深层次多领域扩散，在对全球经济造成重大影响的同时，也让美国付出了惨重的代价。2019年第二季度，美国经济增长已经放缓，虽然第三季度有所反弹，但2019年全年增长率仅为2.3%，比2018年下降0.6个百分点。毋庸置疑，国际贸易摩擦肯定是两败俱伤，美国遏制中国的同时也会失去最大的市场，回归谈判、回归合作、回归多边主义符合世界贸易经济发展的历史规律。

从全球货物进出口规模来看，进入21世纪以来，国际贸易基本规律是发达国家依然占主导地位，但是其所占进出口规模逐步下滑，发展中国家规模逐步上升。进口方面，发达国家由2000年的69.8%下降至2017年的55.8%，下降了14个百分点。而同期亚洲发展中国家的货物进口规模由2000年的20.9%上升到2017年的33%；出口方面，发达国家贸易规模整体呈下降趋势，由2000年的65.8%下降至2017年的52.5%，下降了13.3个百分点。然而同期，发展中国家贸易规模则逐步扩大，从2000年到2017年，发展中国家的贸易份额从31.92%上升到44.41%。按照此发展态势，预计发达国家2020年以后将衰减到50%以下，同期发展中国家将上升到50%以上。据此可见，在未来国际贸易

竞争格局中，随着发展中国家所占比重不断攀升，其在国际贸易中的地位和作用将越来越重要。

从中国国际贸易发展历程看，新中国成立七十多年来，中国始终坚持独立自主的和平外交政策，积极与世界各国友好合作，支持多边经贸建设，对外开放广度和深度持续拓展。1950 年，货物进出口总额仅为 11.3 亿美元；1978 年，货物进出口总额为 206 亿美元；2019 年，货物进出口总额达到 4.6 万亿美元，比 1978 年增长 222 倍，已经连续 11 年成为世界第一大货物贸易出口国和第二大货物贸易进口国，深度影响着世界贸易经济的变化格局。党的十八大以来，中国坚定支持多边贸易体制，积极推进贸易投资自由化、便利化，多边经贸关系和区域经济合作全面发展等成效显著。党的十九大后，中国以"一带一路"建设为重点，以自贸区建设为抓手，加快构建全面开放新格局，推动新时代对外开放之路行稳致远，将为中国经济中长期增长赢得新一轮全球化红利。

四、从世界金融变化格局看，国际货币体系"去中心化"态势明显，这将为中国经济中长期增长赢得更大的主动权

从世界金融变化格局看，美元从 20 世纪末起在国际货币体系中的比重开始下降，由 1999 年的 71.01% 下降至 2018 年第四季度的 61.7%。与此相反，欧元却大幅上升，由 1999 年的 17.9% 上升到 2018 年第四季度的 20.7%。此消彼长，国际货币体系开始向多元化、多极化趋势发展。

从 2016 年 10 月起，人民币正式被纳入国际货币基金组织特别提款权货币篮子，占比达到 10.92%，在美元与欧元之后名列第三，超过了日元和英镑。人民币的顺利入篮，标志着人民币的国际化进程实现了历史性突破，反映了国际社会对人民币国际化所取得成绩的客观认可，人

民币的国际化进程不断加快，加速了国际货币多元化发展的进程。截至2017 年 12 月，美元仍然是贸易结算领域第一大支付货币，以美元计价的结算份额占到全球的 39.9%。但是欧元所占份额近几年不断增长，从2015 年年末的 29.4% 增至 2017 年年末的 35.7%。

根据国际货币基金组织公布的最新数据，美元在当前的国际货币体系中依然占绝对主导地位，所占份额超过 60%；其次是欧元，大约占20%；然后是日元和英镑，二者份额大致相当，各自均不到 5 %，另外是其他小份额货币。据环球同业银行金融电讯协会（SWIFT）发布的人民币月度追踪报告统计数据显示，2018 年人民币在国际支付货币活跃度排名中位列第五，所占份额为 1.6%。尽管目前人民币与美元、欧元相比，尚存在一定差距，但中国经济基本面良好、韧性十足，宏观政策空间充足，政策工具箱丰富，有能力应对各种不确定性，确保汇率稳定和国际金融市场稳定。

未来一段时间，随着中国经济实力的提升、贸易量和投资量的扩大、人民币国际化进程的加快、人民币信用水平的提高，以及亚洲基础设施投资银行、金砖国家新开发银行等新金融机构后发优势逐渐明显，国际上对这些金融机构投资造福于民的重大项目参与度不断攀高，尤其是"一带一路"建设，人民币在国际货币体系中的市场份额不断升高。预计未来 10 年内人民币要赶超日元和英镑进入国际货币体系第二梯队，但与美元和欧元组成的第一梯队还有一定差距。据权威机构预测，到2035 年，美元仍将处于国际货币体系的核心地位，但是随着经济全球化的发展，越来越多的经济体进入国际货币体系当中，国际货币体系的覆盖范围也大大拓展。

在中国经济中长期发展中，随着欧元、人民币等在国际货币体系中所占比重的持续攀升，美元所占份额将持续下滑，国际金融格局中的

"多元化""去中心化"趋势将更加明显。随着人民币国际地位的提升，中国未来参与全球经济竞争将获得更大的政治经济话语权，将持续提升在国际贸易中的影响力，为中国政府的汇率政策增加主动性和灵活度，更为中国经济中长期发展创造良好的外部经济环境。

第三节　稳中向好、长期向好的基本趋势没有改变

2019 年，在世界经济增长持续放缓的背景下，中国经济增长 6.1%，在主要经济体中继续位居前列。经过努力，中国经济已由高速增长阶段转向高质量发展阶段，正处在转变发展方式、优化经济结构、转换增长动力的攻关期。中国经济稳中向好、长期向好的基本趋势没有改变。

一、从技术发展看，科研科技基础优势雄厚，为中国经济稳中向好、长期向好提供可靠的动力条件

新中国成立七十多年特别是改革开放以来，在中国共产党的正确领导下，实现了从过去的跟跑，逐步向并跑、领跑转变，科技实力伴随着中国经济发展同步壮大，从 2012 年到 2018 年，科技进步对经济增长的贡献率从 40%提升到 58.5%。从我国科学技术事业发展历程和整体布局看，目前已经具备完整的科技框架体系、科研科技基础条件、高质量科技产出、高技术产业主体四个方面的基础优势，极大缩小与发达国家的技术差距，为中国经济稳中向好、长期向好提供源源不断的技术

动力。

——科技框架体系优势：已经形成了比较完整的现代科学技术体系和创新体系。

当前，我国已经形成支撑科技快速发展的框架体系，也即"四梁八柱"。新中国成立之初就成立了中国科学院，为推进中国科学技术发展迈出了第一步。1956年，新中国历史上首次召开全国科技大会，拟定了当时发展急需的多项重大科技任务。1978年3月，党中央召开了全国科学大会，标志着"科学的春天"的到来，邓小平同志阐述了"科学技术是生产力"的著名论断，这次大会是我国科学技术事业的一次历史性转折。进入20世纪八九十年代以来，国家又相继研究制定了《1991—2000年科学技术发展十年规划和"八五"计划纲要》等，2006年发布了《国家中长期科学和技术发展规划纲要（2006—2020年）》，这一系列科技发展规划的制定和实施，成为改革开放后直接推动我国科技事业快速发展的重要引擎。

党的十八大以来，以习近平同志为核心的党中央高度重视新时期科技工作的开展，科技创新在国家发展全局中的战略地位和作用显著提升。在2016年全国科技创新大会上，习近平总书记向全国发出建设科技强国的号召。党中央、国务院颁布实施《国家创新驱动发展战略纲要》，确立了科技创新"三步走"的战略目标，明确了"坚持双轮驱动、构建一个体系、推进六大转变"的战略布局。从现阶段看，我国已成为世界上为数不多的学科建设较为全面、自成体系的国家之一。在基础研究、前沿技术研究、应用开发及产业化等方面，形成了包括国家科研机构、高等院校、地方科研机构和各类企业机构在内的、多层次的科技力量布局和框架体系。2018年，我国基础研究经费为1118亿元，1996—2018年年均增长19.6%。正在运行的国家重点实验室达501个，已累计建设国家工程研究中心 132 个、国家工程实验室 217 个。同时，国家创新体系建设不断完善，全国各类市场主体已达 1.1 亿户，各类企业作为科技创新投入和产业化活动的主体扮演着越来越重要的角色，已累计认定国家级企业（集团）技术中心 1480 家。区域创新梯次联动，国家高新技术产业开发区是区域创新发展的主阵地，高新区数量已由 1990 年的 27 个发展到 2018 年的 168 个，区内企业数由 1600 家增加到 11.7 万家。近年来，高科技优势进一步彰显，我国在载人航天、探月工程、量子科学、深海探测等诸多领域取得重大成果。

可以说，中国经过七十多年的"弯道赶超"迅速缩小了同发达国家的技术差距，已经形成了科研院所、高校、企业和科技中介机构等各具优势、特色的科技框架体系和创新体系，有能力有条件为中国经济中长期增长提供重要的技术支撑。

——科研基础条件优势：已有宏大的科研队伍和高强度的科研投入。

一方面，我国科技人才队伍不断壮大、结构不断高级化。从 1949 年至 1978 年，全国科研机构已经从新中国成立伊始的 30 多个增加到 1700 多个，专门从事科学研究的人员从不足 500 人增加到 12 万人，科研队伍不断发展壮大。改革开放后，尤其是党的十八大以来，中国从多方面采取措施引进高科技产业企业，汇集科技人才，组建科技创新联盟，不断加强高端科技人才队伍建设，突出高精尖导向，加强战略性科技人才、科技领军人才、高水平创新团队和年轻科技人才的选拔与培养，造就了一支具有相当规模的、高素质的科技人才队伍，形成了雄厚的科研力量和丰厚的人才储备。2018 年，按折合全时工作量计算的全国研发人员总量为 419 万人／年，是 1991 年的 6.2 倍。我国研发人员总量在 2013 年超过美国，已连续 6 年稳居世界第一位，也出现了一批如屠呦呦、王贻芳、袁隆平等在世界医学、物理学和生物学等领域拥有突出贡献的专家学者。近几年来，中央政府高度重视加快提升人力资本积累水平和劳动力素质，加强人口战略研究，加强创新型、实用型人才培养和高级技能人才培养。2018 年全年研究生教育招生 85.8 万人，在学研究生 273.1 万人，毕业生 60.4 万人。中国每年有约 800 万大学毕业生，博士学位授予规模已为全球最大，高素质劳动力将为中长期经济增长注入源源不断的智力和动力。

另一方面，研发经费规模和投入强度持续提升。改革开放后，我国研发投入占 GDP 的比重从 2006 年的 1.39% 提高到 2012 年的 1.97%。党的十八大以来，随着经济实力跃升和创新驱动发展战略全面实施，我国研发经费投入持续快速增长。2018 年全社会研究与试验发展经费支出达 19657 亿元，是 1991 年的 138 倍，1992—2018 年年均增长 20.0%；截至 2018 年年底，国家科技成果转化引导基金累计设立 21 只子基金，资金总规模达到 313 亿元。研发投入占 GDP 的比重 2018 年提升至 2.18%，超过欧盟 15 国平均水平，按汇率折算，我国已成为仅次于美国的世界第二大研发经费投入国家，为科技事业发展提供了强大的经费保证。整体来看，新中国成立七十多年来，我国科研人员队伍持续优化壮大，高强度大规模研发投入的持续跟进，对中国经济中长期高质量发展、产业结构优化、新旧动能转换的支撑作用进一步彰显。

——科研科技产出优势：高端科研成果产出量和重大工程科技创新突破量已达到国际领先水平。

目前，我国整体科技发展水平处于发展中国家前列，一些科研领域已经达到国际先进水平。新中国成立之初，我国的科研产出水平相当落后，随着技术进步方式由技术引进、模仿创新、自主创新向创新驱动发展的加速转型，科研成果产出量和重大工程科技难关突破方面均取得巨大进步。从 1964 年至 1970 年，我国空间技术和国防尖端技术取得重大突破，"两弹一星"事业的巨大成就，标志着中国空间科学技术发展进入新的阶段。1978 年以来，中国的科学技术事业步入快速发展轨道，从科技重大计划实施和成果看：国家相继出台了一系列如国家高技术研究发展计划（"863"计划）、国家重点基础研究发展计划（"973"计划）、推动高技术产业化的火炬计划等，催生了中国第一台运算速度每秒亿次的巨型计算机、每秒运算 130 亿次的"银河—Ⅲ"巨型计算机等一批重大工程科技成果。

　　党的十八大以来，我国的科研科技产出"量"和"质"明显提升。一方面科研产出成果大幅提升。从数量层面看：专利发明量大幅提升，20 世纪八九十年代以来，中国的专利数量呈指数级增长，并于 2011 年超越美国和日本成为全球专利申请第一大国。2018 年，我国专利申请数和授权数分别为 432.3 万件和 244.8 万件，是 1991 年的 86 倍和 98 倍。全年境内外专利申请比上年增长 16.9%，授予专利权增长 33.3%。2018 年，国外三大检索工具（指 SCI、EI、ISTP）分别收录我国科研论文41.8 万篇、26.6 万篇和 5.9 万篇，数量分别位居世界第二、第一和第二位。从质量层面看：专利质量也得到同步提升。以最能体现创新水平的发明专利为例，2018 年，发明专利申请数达 154.2 万件，占专利申请数比重为 35.7%，比 1991 年提高 12.9 个百分点；平均每亿元研发经费产生境内发明专利申请 70 件，比 1991 年提高 19 件，专利产出效益得到明显提高。2018 年年末，全国有效专利达 838 万件，其中境内有效发明专利 160 万件，每万人发明专利拥有量 11.5 件。此外，根据基本科学指标数据库（ESI）论文被引用情况，2018 年我国科学论文被引用次数排名世界第二位。以上产出数据是我国科研产出量质齐升的有力佐证。另一方面，突破一批批重大工程科技难关。进入 21 世纪以来，我国科技发展再次提速，一批重大科技攻关成果问世。尤其是党的十八大以来，在国家科技重大专项和国家高技术研究发展计划（"863"计划）等的支持下，我国高技术领域硕果频传。诸如神舟飞船与天宫空间实验室在太空交会翱翔；北斗导航卫星实现全球组网；蛟龙号载人潜水器、海斗号无人潜水器创造最大深潜纪录，其国际影响力大幅度提升。在2019年全国科技工作会议上科技部部长强调，2018年基础前沿和战略高技术领域重大创新成果竞相涌现，首次在半导体量子点体系中实现三量子比特逻辑门、"嫦娥四号"探测器首次成功登陆月球背面、国产大型水陆两栖飞机水上首飞等等。据此，可以看出中国科研科技产出的高质量优势明显，有基础有能力支撑中国经济中长期的高质量发展。

——科技产业主体发展优势：一批高新技术产业和新动能蓬勃发展。

改革开放以来，我国采取了一系列重大政策与措施加速科技体制改革，推动科技产业主体在技术创新中的主导地位不断加强，高技术产业和新动能发展态势良好，韧劲十足。

一方面高新技术企业快速发展、成效显著。目前中国高新技术产业开发区得到了超常规的发展，一大批充满活力的高新技术企业迅速成长，最大限度地释放全社会创新创业创造动能。从产值规模看：2018年高技术制造业、战略性新兴产业增加值分别比上年增长11.7%、8.9%，增速分别比规模以上工业快5.5个、2.7个百分点。2018年高技术制造业增加值占规模以上工业增加值的比重为13.9%，比1995年提高6.9个百分点。全国168个高新区实现营业收入33万亿元，出口总额3.3万亿元，净利润2万亿元，实际上缴税费1.7万亿元。从数量结构看：2018年高新技术企业达到18.1万家，科技型中小企业突破13万家，园区新注册企业超过40万家。综合来看，高技术制造业呈现出持续向好的发展态势，已经成为带动中国工业经济转型升级的中坚力量。

另一方面，新经济发展快速崛起。党的十八大以来，随着"互联网＋"深入开展，基于移动互联、物联网的新产品、新业态、新模式蓬勃发展，成为我国改造提升传统产业、培育经济发展新动能的有力支撑。目前，大数据、云计算等信息技术应用不断深化，以5G、人工智能等为代表的新一代信息技术走向实用，催生出一大批大数据企业、独角兽企业、瞪羚企业，驱动数字经济、共享经济、平台经济、网络经济快速发展。当前，中国数字经济总量达到31万亿元，已经处于全球前列。新产品、新业态、新模式发展成为增长非常快的市场。2015年到2017年的统计数据表明，经济发展新动能指数年均增幅达到28%，"三新"经济（新产品、新业态、新模式）增加值占GDP的比重已经达到了15.7%。与国际比较，截至2018年年底，中美新经济独角兽企业分别占全球比重的28%和48%。未来信息服务业与人工智能、AR、VR技术结合仍将释放巨大的增长潜力，持续为中国经济发展提供重要动能。据此可见，在当前旧动能增长放缓的情况下，新动能不断地涌现，特别是新一轮科技革命的产业化、市场化，很大程度上顶住了经济下行压力，支撑了未来我国经济的中高速增长。

二、从发展阶段看，在不断优化平衡中加快迈向中高端，为中国经济稳中向好、长期向好提供有效的结构支撑

新中国成立七十多年来，中国经济结构改革之路一直充满了复杂性和艰巨性，进展缓慢。进入21世纪以来，尤其是党的十八大以后，中国经济结构改革进程不断加快，各个方面在不断调整中趋于优化平衡。2015年，习近平总书记提出"在适度扩大总需求的同时，着力加强供

给侧结构性改革"的重要论断以来，强调用改革的方法推进结构调整。五年来，中国经济结构性改革取得了积极进展和显著成就。

一是产业结构加快向中高端迈进。新中国成立之初，我国产业基础十分薄弱。1952 年，工业和服务业发展刚刚起步，农业增加值占 GDP 比重为 50.5%，农业吸纳了 83.5% 的就业人口。1978—2005 年，第一产业在 GDP 中的比重呈现持续下降的态势；第二产业的比重经历了不断波动的过程，但长期稳定保持在 40%—50% 之间，产业结构逐步由农业为主向三次产业协同发展转变。党的十八大以来，党中央坚持以供给侧结构性改革为主线，加快推进经济结构战略性调整和产业转型升级，三次产业发展协调性进一步增强。与新中国成立之初比，2018 年，第一、二、三产业增加值比重分别为 7.2%、40.7%、52.2%；就业比重分别为 26.1%、27.6%、46.3%，其中第三产业增加值比重和就业比重分别比 1952 年上升 23.5 个和 37.2 个百分点，此外，从《中国制造 2025》实施以来，制造业和科技创新的全面融合，与现代服务业的深度融合，推动工业结构向中高端迈进，产业结构逐步迈向合理化、高级化。目前，中国是世界上唯一拥有联合国产业分类目录中所有工业门类的国家。

二是收入分配结构持续优化。长期以来，无论是以基尼系数还是城乡居民收入之比来衡量，我国收入差距一直处于高位。但是，2008 年以来出现转折，基尼系数从 0.491 持续下降为 2017 年的 0.467；党的十八大以来，随着中央收入分配制度不断完善、脱贫攻坚战的推进、乡村振兴战略的实施等一系列政策效应积极释放，农村居民人均可支配收入实际增速连续多年快于城镇居民，城乡居民人均可支配收入之比 2018 年已下降至 2.69，2018 年人均可支配收入比 1978 年实际增长 24.3 倍，收入分配结构持续优化的态势明显。

三是区域经济结构不断趋于平衡。随着新型城镇化进程的加快，以及区域协调发展战略的大力实施，区域经济发展差距明显缩小，区域整体结构在不断优化中趋于平衡。尤其是党的十八大以来，京津冀协同发展、长江经济带、粤港澳大湾区、长三角一体化等一系列重大区域发展战略扎实推进，新的经济增长极加快形成。2018年全国人均地区生产总值最高地区与最低地区的比值为4.5，而1952年该比值为8.1、2000年为10.8。2018年，中部、西部地区生产总值占全国的比重分别为21.1%和20.1%，分别比2000年提高1.9个和2.7个百分点。从中长期来看，国内城镇化发展空间依然巨大。目前，中国60.6%的城镇化率稍高于54.83%的世界平均水平，但明显低于高收入经济体的81.53%和中高收入经济体的65.45%，中国城镇化还有约20个百分点的空间。

四是需求消费结构不断升级。随着居民收入较快增长，消费能力显著提升，消费结构升级趋势明显。2018年，全国居民人均消费支出为19853元，比1978年实际增长19.2倍；服务性消费占比为44.2%，比2017年提高1.6个百分点，消费结构持续改善。从最终需求看，2018年最终消费支出、资本形成总额和净出口对GDP增长的贡献率分别为76.2%、32.4%和-8.6%，比2017年变化17.4个、0.3个和-17.8个百分点；最终消费对经济增长贡献率达到76.2%，连续六年成为经济增长的第一拉动力。另外，中国14亿人口和4亿中等收入群体的庞大市场和规模效应，消费拉动经济增长的作用将进一步增强。

三、从制度优势看，建立了比较完善的社会主义市场经济体制和基本经济制度，为中国经济稳中向好、长期向好提供坚实的体制和制度保证

改革开放以来，我国始终坚持公有制为主体、多种所有制经济共同

发展和按劳分配为主体、多种分配方式并存，把社会主义制度和市场经济有机结合起来，创造性地确立起充分发挥市场决定性作用的社会主义市场经济体制，形成了比较完善的社会主义基本经济制度，这是不断解放和发展社会生产力的显著优势，也必将为中国经济稳中向好、长期向好提供坚实的体制和制度保证。

纵观世界经济发展历程，可以发现市场经济是人类社会迄今所能发现的唯一能带来快速经济增长的资源配置方式。1978 年以来，中国经济四十多年的高速增长首先是得益于"市场化改革"红利，没有坚定不移的市场化改革，就没有中国过去经济高速增长的历史奇迹[①]。从经济体制的发展历程看，1956 年以前是新民主主义向社会主义过渡时期，社会主义制度基本确立，对各种经济成分形式进行社会主义改造，整个国民经济得以逐步恢复。1956 年党的八大顺利召开，是全面建设社会主义时期，并明确我国当前重要任务是集中力量发展社会生产力。从1978 年到 1992 年，中国经济体制改革依次经历了以计划经济为主市场调节为辅的阶段、有计划的商品经济阶段、正式建立社会主义市场经济体制阶段，这段时期是中国对市场经济体制建设的有益探索阶段。这一阶段市场主体活力逐步释放，整个国民经济发展后劲十足：从 1993 年至 2012 年是社会主义市场经济体制持续完善的阶段，党的十六大提出在更大程度上发挥市场在资源配置中的基础性作用，市场化改革持续向纵深推进[②]。党的十八届三中全会提出，使市场在资源配置中起决定性作用和更好发挥政府作用，实现了从基础性作用到决定性作用的转变，

---

① 韦森：《从世界历史的大背景看未来中国经济的增长前景》，《经济资料译丛》2015年第 1 期。

② 张占斌、孙飞：《改革开放 40 年：中国"放管服"改革的理论逻辑与实践探索》，《中国行政管理》2019 年第 8 期。

进一步凸显了我国市场经济的主体地位。党的十九大强调，中国经济已由高速增长阶段转向高质量发展阶段。综上所述，正是凭借市场经济主体地位的逐步形成、市场决定性作用的凸显和经济体制改革持续释放的微观活力，推动了经济中高速增长。从新中国成立七十多年的发展历程来看，2018年国内生产总值比1952年增长175倍，年均增长8.1%，经济总量占世界的16%。中国实现了经济的超预期发展并蓄积了中长期增长的"制度效能"，主要归结于始终坚持市场化的改革方向不动摇，市场作为资源配置手段的地位和作用不断提升，推动资源配置效益最大化和效率最优化，极大增强了经济增长的内生动力，也适应了新常态发展阶段的大逻辑，形成了日趋完善的社会主义市场经济体制，为中国经济中长期增长提供了坚实的体制保证。

在完善社会主义市场经济体制和基本经济制度中，中国毫不动摇巩固和发展公有制经济，毫不动摇鼓励、支持、引导非公有制经济发展，促进国企和民企发展的规模效益持续提升，形成"双轮"驱动中国经济中长期增长的重要引擎。从国有经济成长历程看，新中国成立之初，1956年发动的"公私合营"运动一举奠定了国有企业在中国经济中的绝对支配作用，但是国民经济一直在曲折中前进。改革开放以后，1984年推动计划经济下的国营企业向市场经济下的国有企业转化，依次经过转换经营机制、推行股份制改革、建立现代企业制度、发展混合所有制等艰辛的探索历程，逐步形成了有效制衡的公司法人治理结构和灵活高效的市场化经营机制，创造性地实现了国有企业同市场经济的深度融合。可以说，改革成效显著，2018年1—12月，国有企业的盈利能力和偿债能力比上年同期均有所提升，实现营业总收入587500.7亿元，同比增长10.0%。据此可见，国有企业运营的质量和效益显著提高，企业创新能力和市场竞争力不断增强，一批国有大型企业已跻身于世界一流或知名企业行列。从民营经济发展历程看，1978—2012 年，我国的民营经济经历了从不允许存在到允许发展，从社会主义市场经济的"有益补充"到"重要组成部分"漫长而曲折的过程，逐步成长壮大。2012 年民营企业 500 强入围门槛达到 77.72 亿元，民营企业 500 强纳税总额达到 4334.78 亿元。党的十八大以来，习近平总书记多次反复强调民营经济的重要地位和作用。党和政府始终坚持把鼓励、支持、引导非公有制经济发展的各项政策落地、落细、落实，持续优化营商环境，为发展创造了新动能、新机遇、新空间。据最新的全国经济普查数据显示，我国民营企业的数量占全国企业总量的 99.3%，民营经济占 GDP 总量的 66%、税收贡献率的 71%、社会就业人口的近 90%等。可以说，改革开放后，中国民营经济实现了从小到大、由弱变强的华丽转变，在稳增长、促创新、增就业、惠民生方面发挥了重要作用，在未来中国经济中长期增长中其历史地位和作用不容置疑。当前，一方面进一步加快推进国有企业分类改革和混合所有制改革，真正实现国有资本"有进有退，有所为有所不为"；另一方面加大促进非公有制经济发展的"政策倾斜"，增强民营企业家的"精气神"[1]。国企民企协同驱动的中长期经济发展的动力引擎已经形成。

四、当前国内外风险挑战明显上升，但影响总体有限，我国仍处于经济发展的战略机遇期

当前世界经济增长持续放缓，仍处在国际金融危机后的深度调整期，世界大变局加速演变的特征更趋明显，全球动荡源和风险点显著增

---

[1] 韩保江：《论中国特色社会主义"所有制生态"》，《理论探索》2019 年第 4 期。

多。有人悲观地认为，2016 年后的世界，已经进入"黑天鹅湖"的时代。

一是全球经济增速下滑。2017 年，全球有四分之三的经济体在加速发展，而 2019 年 90% 的经济体放慢了发展脚步。据国际货币基金组织 2019 年 10 月发布的《世界经济展望报告》，2019 年全球经济增长预期从 3.7% 降至 3%。2019 年世界经济增速下滑，从短期看，美国特朗普政府奉行的单边主义和保护主义政策严重抑制了全球贸易投资往来，极大影响了投资者信心。2019 年 11 月，OECD 发布报告称，二十国集团（不含中国）总投资增速已经从 2018 年午初的 5% 降至 2019 年上半年的 1%。从中长期看，各国尤其是发达经济体货币与财政政策的效果减弱，传统政策几近失灵。全球经济放缓、相对贫困和不平等的加剧、对额外的货币宽松政策的有限机会都支持了财政扩张政策。同时，财政扩张政策反映出对非常规货币宽松政策表现的失望，包括低于预期的经济增长和通胀表现以及各种不利的副作用。此外，全球经济增速下滑与发达经济体陷入持续低迷密切相关。据国际货币基金组织统计测算，2019 年全球经济总量或将达到 87.27 万亿美元，其中发达经济体经济总量预估为 52.17 万亿美元，约占全球经济总量的 59.8%。以美国为代表的发达经济体，正在经历经济增长放缓、贫富不均加剧以及金融大震荡不断。在此背景下，世界主要经济体采取应对措施，推出量化宽松政策或降低利率并扩大政府支出，避免了全球经济出现衰退，但受负利率政策扩散、国际金融市场风险与投资信心缺失、部分国家深陷社会动荡等因素影响，未来数年世界经济仍将在中低速轨道内前行。

二是中美贸易争端日趋复杂。2018 年 3 月以来，美国多次以缩减贸易逆差、保护知识产权、保护国家安全等为名，不断加征关税商品清单的总额和范围并提高进出口关税税率，限制中国高科技企业在美国的生产经营，以及与美国公司的商业往来，导致中美贸易摩擦不断升级。

不断加码的中美贸易摩擦已经成为两国经济以及世界经济面临的最大的风险。贸易摩擦的持续恶化随时有可能对世界经济的稳定与发展造成灾难式的破坏和冲击。经过中美两国的共同努力，2020年1月15日，中美签署了第一阶段贸易协议。这一协议暂时扭转了中美贸易摩擦进一步恶化的趋势，为中美双方通过谈判和协商，解决双边贸易摩擦奠定了基础，开启了中美经贸合作的新模式。但是，中美贸易摩擦一方面源于巨额贸易逆差及其结构性体制性问题和分歧，另一方面源于新冷战思维霸权国家对新兴大国崛起的遏制，是中美两国之间长期存在的矛盾激化的结果。中美第一阶段贸易协议的签署虽然赶走了盘旋在中美两国和世界经济上空的"黑天鹅"，解除了当前世界经济的最大风险，但只要不摒弃美国"新"贸易保护主义和新冷战思维，中美贸易争端就不会消除，从而对中美两国和世界经济的不确定性影响就始终存在。

三是"逆全球化"集中升温。全球化是过去20年间推动世界经济增长最强大的动力。但是，全球化在"功莫大焉"的同时，也随之产生以下几个方面的重大问题：技术进步带来就业相对减少；资本和劳动间收益差距的不断扩大；金融资本的全球化运作带来巨大风险；国际、国内贫富分化加剧。2008年的国际金融危机凸显和放大了这些问题，各国为恢复经济所采取的竞争性政策又进一步引发了矛盾与摩擦。面对世界经济深度调整、复苏动力不足、增长分化加剧以及国际贸易投资低迷的"全球化波折"等新形势，加之广大发展中国家的加速兴起，一些曾经的自由贸易倡导者纷纷走上向内的道路，从强调释放市场力量向主张社会保护转变。2016年，欧盟遭受减员打击，暴露增长缓慢、复苏乏力、就业低迷的多重困境。"逆全球化"正在集中升温。根据世界银行提供的最新数据，世界进出口贸易额占GDP的比重从2008年的51.86%降至2018年的45.86%，下降了6个百分点，相当于倒退回21

世纪初的水平。

四是英国"脱欧"影响深远。英国于 2016 年 5 月通过脱欧公投，宣布将在今后两年内脱离欧盟。几经曲折，历经三年半，英国终于在格林尼治标准时间 2020 年 1 月 31 日正式脱离欧盟。英国正式"脱欧"使这只具有世界级影响的巨大"黑天鹅"成为"灰犀牛"。英国"脱欧"标志着第二次世界大战以后经过艰苦努力形成的欧洲一体化局面就此步入一个离心力大增的阶段。英国"脱欧"既是对欧盟的一次打击，也是一个"历史性警报"，既可能会撕裂欧洲，也可能会激励欧盟将更加重视内部改革以建立一个更加强大而高效的欧盟。英国"脱欧"作为冷战后重大地缘政治事件，不仅可能改变欧洲的政治经济格局，引发英欧关系、地缘政治变化的诸多不确定性，而且对世界政治经济格局的影响也十分重大而深远。

五是部分国家深陷社会动荡。一段时间以来，世界上约 20 个国家和地区发生了社会动荡甚至暴乱，这无疑会对未来全球经济走势产生负面影响。在 2019 年 10 月期间，因对政府管理和社会民生不满，伊拉克、厄瓜多尔、智利、黎巴嫩爆发严重抗议示威活动，导致几十人甚至上百人伤亡；因对国内选举政治的不满和内部政治斗争加剧，几内亚、玻利维亚、埃塞俄比亚、西班牙等国相继发生暴乱。面对一系列内部冲突，联合国秘书长古特雷斯指出，民众和政治机构之间的信任缺失日益严重，社会契约面临的威胁与日俱增，呼吁各国抗议者以圣雄甘地和马丁·路德·金为榜样奉行非暴力，同时呼吁各国领导人认真倾听民众心声。部分区域国家深陷社会动荡将严重影响世界经济未来走势。

六是新冠肺炎疫情短期影响不容小觑。2020 年春节期间，新冠肺炎疫情迅速向全国蔓延，世界卫生组织于北京时间 1 月 31 日凌晨宣布其为"国际关注的突发公共卫生事件"（PHEIC）。目前疫情尚未结束，影响结果取决于疫情控制的时间。但在短期，尤其 2020 年第一季度和第二季度，无论是宏观、中观、微观都将受到较大影响。在宏观经济方面，疫情防控需要避免人口大规模流动和聚集，隔离防控，消费需求将大幅降低。工人返城、工厂复工延迟，企业停工减产，制造业、房地产、基建投资短期基本停滞，生产和投资受明显冲击。被世卫组织宣布为"国际关注的突发公共卫生事件"可能会导致出口和国际投资双双下降。在消费、投资、出口三方下降的共同作用下，本次疫情将对中国的经济增长产生影响。在中观行业方面，餐饮、旅游、电影、交通运输、教育培训等行业冲击最大，医药医疗、在线游戏等行业受益。在微观个体方面，民企、小微企业、弹性薪酬制员工、农民工等受损程度更大。相比 2003 年"非典"，本次疫情传染性更强但致命性更弱，政府应对较快，经验更为充分，疫情已经得到有效控制。随着疫情消除，前期的不利影响也会被 2020 年余下时间里高于趋势的增长率大幅抵消。所以，如果本次疫情能及早得到控制，疫情对 2020 年全年的经济增长不会造成太大的影响。而在中长期，本次疫情不仅将促使生产生活业态朝着智能化、线上化发展，风险中酝酿机遇，或将催生新的业态，而且可能会对中国的供给侧结构性改革起到一定的推波助澜的作用，从而加速经济的转型。

第二章　新理念：
以新发展理念推动经济高质量发展

　　新发展理念是新时代党和国家发展理论与时俱进的重大创新，体现了我们党对社会主义现代化建设和改革开放发展经验的集中总结，反映出我们党对新发展阶段历史方位和基本特征的深刻洞悉。习近平总书记强调指出：面对经济社会发展新趋势新机遇和新矛盾新挑战，必须确立新的发展理念，用新的发展理念引领发展行动。新发展理念"在理论和实践上有新的突破，对破解发展难题、增强发展动力、厚植发展优势具有重大指导意义"[①]。新发展理念的提出，郑重回答了处在新时代历史方位的中国"实现什么样的发展、怎么样发展、为谁发展"的重大理论和实践问题。

第一节　马克思主义发展观的最新成果

　　中国特色社会主义伟大事业不断推向前进，首先需要正确认识和把握发展规律，牢固树立正确的马克思主义发展观。马克思主义创立

　　[①]　中共中央文献研究室编：《十八大以来重要文献选编》（中），中央文献出版社2016年版，第773页。

的唯物史观，科学说明了社会基本矛盾运动规律、人民群众历史主体地位、社会发展的客观历史过程及其未来理想社会等基本问题。从这个意义上说，唯物史观就是一种发展观，是关于人类发展的世界观和方法论，具有根本的指导意义。"从经济社会发展到人的自由全面发展，从西方社会开创资本主义生产方式的发展到东方社会跨越'卡夫丁峡谷'的发展，马克思主义发展观以其强大的逻辑力量和鲜明的立场情怀不仅科学地阐释了人类社会的发展，而且更有力地塑造了人类社会的发展。"①

马克思主义发展观是一个开放的、不断发展的理论体系，"这些原理的实际运用……随时随地都要以当时的历史条件为转移"②。马克思主义发展观从诞生之日起，就开启了不断具体化、时代化的历程，随着时代的变化与实践的需要而不断发展。马克思主义发展观从来不是抽象的教条，其现实形态总是在与具体国家、具体时代、具体实践相结合的过程中焕发生机、丰富发展，马克思主义发展观的中国实践是马克思主义中国化的题中应有之义，中国共产党人正是在坚定不移坚持马克思主义发展观的同时，又用新的实践、新的创造不断丰富发展着马克思主义发展观。它从马克思"人的全面发展观"到新中国成立后毛泽东同志"一化三改"的发展道路，从邓小平同志的"发展是硬道理""和平与发展是当今时代的主题"到江泽民同志的"发展是党执政兴国的第一要务"以及胡锦涛同志的"科学发展观"，马克思主义发展观正是因为有敢于不断突破自我的创新精神，才实现了一次又一次的飞跃。

党的十八大以来，以习近平同志为核心的党中央提出新发展理念。

---

① 何毅亭：《学习马克思主义中国化最新成果》，人民出版社 2017 年版，第 73—74 页。
② 《马克思恩格斯选集》第 1 卷，人民出版社 2012 年版，第 376 页。

新发展理念从立足中国实际、坚定中国自信、总结中国经验、针对中国问题的高度，厘清了中国现阶段存在的新矛盾和新问题，抓住了中国社会转型期的困境难点，赋予创新、协调、绿色、开放、共享新的内涵，它既是对我国经济社会发展规律的客观总结，也是对我国目前发展中存在矛盾问题的深刻反思，更是对我国未来发展方向的准确把握，开创了党的发展理论和当代中国发展的新境界，是马克思主义发展观的最新成果。

一是丰富了发展内涵。新发展理念使发展的具体内涵得到了丰富和充实，发展是人类社会进步的永恒主题。但是，由于社会发展的历史阶段不同，发展的具体内涵也大有不同。党的十八届五中全会依据"我国发展仍处于可以大有作为的重要战略机遇期，也面临诸多矛盾叠加、风险隐患增多的严峻挑战"这一基本特征，明确提出了"创新、协调、绿色、开放、共享"的新发展理念，形成了新时代中国共产党人关于发展问题的世界观和方法论。

二是指明了发展方向。新发展理念是"我国发展思路、发展方向、发展着力点的集中体现"①。新发展理念是根据我国当前发展环境的基本特征概括出来的，体现了当代中国发展的基本要求，从发展动力、发展方式、发展环境、发展布局、发展目的等方面为新时代的中国发展指明了方向，对全面建成小康社会、实现中华民族的伟大复兴具有重要的战略指导意义。

三是明确了发展目的。新发展理念体现了以人民为中心的发展思想。以人民为中心的发展思想不是一个抽象的、玄奥的概念，不能只停留在口头上、止于思想环节，而是要体现在经济社会发展各个环节。新

① 习近平：《关于〈中共中央关于制定国民经济和社会发展第十三个五年规划的建议〉的说明》，《人民日报》2015 年 11 月 4 日。

发展理念鲜明突出了中国共产党发展观的指向性和目的性，鲜明体现了坚持马克思主义人民立场的基本观点和人民群众是历史创造者的基本原理，鲜明表达了我们党全心全意为人民服务的根本宗旨和"对发展价值的历史自觉"[①]。

四是强化了发展动力。新发展理念抓住了创新这个牵动经济社会发展全局的"牛鼻子"。在我们党的历史上第一次把创新提到"发展的第一动力"并"摆在国家发展全局的核心位置"这样的高度，其意义深远。强调创新发展，对我们这么大体量的经济体来讲，是我们应对发展环境变化、增强发展动力、把握发展主动权、更好引领新常态的根本之策。对我国尽快形成国际竞争新优势、着力提高发展的质量和效益都有重要的推动作用。

五是强调了发展重点。新发展理念坚持问题导向、聚焦突出问题。着力解决突出问题和明显短板，积极回应人民群众的诉求和期盼，重点围绕"创新、协调、绿色、开放、共享"五个方面推动实践发展，并在此基础上提出了一些具有标志性的重大战略、重大工程和重大举措，明确了今后的发展方向和发展重点，为我们进一步找准当前和今后我国发展的"着力点"和"突破口"提供了科学的理论指导和行动指南。

六是遵循了发展规律。新发展理念充分体现了对发展规律的科学遵循与正确运用。发展不能想当然，发展更不能一味蛮干，必须遵循经济规律、自然规律、社会规律等发展规律，遵循经济规律讲的是发展的科学性，遵循自然规律讲的是发展的可持续性，遵循社会规律讲的是发展的包容性。新发展理念既是我国社会主义建设发展规律的深刻总结，同时也深化了我们党对经济社会发展规律的再认识。

[①] 何毅亭：《学习马克思主义中国化最新成果》，人民出版社 2017 年版，第 75 页。

第二节　引领新时代高质量发展的行动指南

新发展理念是我国社会主义建设和改革开放发展经验教训的集中体现，是适应新时代经济发展进入新常态、我国发展中的突出矛盾和发展短板而提出的，反映出我们党对经济规律、社会规律、自然规律和党的执政规律认识的不断深化，必然成为引领新时代中国高质量发展的行动指南。

一、新发展理念指明了关系全局的发展方向和着力点

新发展理念更加突出发展的创新性，通过创新提升发展的科技和人力资本含量，大力培育新技术、新产品、新业态、新模式，促进经济发展从速度规模型向质量效率型转换；更加突出发展的整体性、协调性，着力改变城乡二元结构，推动农业转移人口市民化，优化空间经济布局，促进区域协调发展；更加突出发展的可持续性，坚定不移走绿色低碳发展之路，构建绿色产业体系和空间格局，建设美丽中国；更加突出发展的内外联动性，推进"一带一路"建设，积极参与全球经济治理和公共品供给，提高我国在全球治理中的制度性话语权；更加突出发展的包容性、普惠性，推进共建共享，满足人民群众对美好生活的新期待。新发展理念围绕动力与效率、平衡与协调、生态与环境、国内与国外、共享与民生，形成一个系统化的逻辑体系，明确了实现"两个一百年"奋斗目标的方向和着力点。

二、新发展理念回答了关于发展的系列重大问题和关键节点

新发展理念把握时代脉搏，坚持目标导向和问题导向相统一，提出

了新时代发展问题的解决方案。推动经济发展，要更加注重提高发展质量和效益；稳定经济增长，要更加注重供给侧结构性改革；实施宏观调控，要更加注重引导市场行为和社会心理预期；调整产业结构，要更加注重加减乘除并举；推进城镇化，要更加注重以人为核心；促进区域发展，要更加注重人口经济和资源环境空间均衡；保护生态环境，要更加注重促进形成绿色生产方式和消费方式；保障改善民生，要更加注重对特定人群特殊困难的精准帮扶；进行资源配置，要更加注重使市场在资源配置中起决定性作用和更好发挥政府的作用；扩大对外开放，要更加注重两种市场和两种资源，推进高水平双向开放。新发展理念对关于发展的一系列重大问题的科学回答，顺应了时代要求，回应了人民关切，必将开创我国经济社会发展新局面。

三、新发展理念引领中华民族从"站起来""富起来"迈向"强起来"

在长期的革命斗争中，中国共产党团结带领中国人民浴血奋战，实现了民族独立，确立了社会主义基本制度，完成了中华民族有史以来最为广泛深刻的社会变革，中华民族重新"站起来"，屹立于世界的东方。改革开放新的伟大革命，开辟了中国特色社会主义道路，使中国大踏步赶上时代，我国发展成为稳居世界第二的经济体，人民生活不断改善，中华民族迈向"富起来"的康庄大道。当前，我国正处在决胜全面建成小康社会、开启全面建设社会主义现代化国家新征程的关键期。"新发展理念总结新中国60多年建设发展和改革开放的历史经验，在新的历史起点上，对我国发展全局进行新的更加富有新时代特点的顶层设计，必将引领中华民族从'站起来''富起来'到'强起来'的伟大飞跃，实现中华民族历史上开天辟地般的伟大跨越。"①

第三节　坚持用新发展理念引领发展全局

新发展理念是关系我国发展全局的一场深刻变革。实现中国经济稳中向好、长期向好，保持高质量发展，必须全面贯彻落实新发展理念，用新发展理念引领发展全局，把新发展理念转化为统筹全局的行动纲领、谋划发展的具体思路、落实发展任务的工作举措、推动科学发展的实际成效，着力解决现实中的突出矛盾。

一、全面推进发展理念的变革

历史反复告诉我们，理念变革引领发展潮流，关系发展成败。回顾我国改革开放以来的发展历程，从实践是检验真理唯一标准的讨论到确立以经济建设为中心，从改革计划经济体制到建立社会主义市场经济体制，从加入世界贸易组织到引领经济全球化，每一次发展大跨越都是思想解放和理念变革的结果。当前和今后一个时期，是"两个一百年"奋斗目标的历史交汇期，时代呼唤发展理念的变革。

新时代，我们必须站在发展全局的高度认识新发展理念。全面建成小康社会，使经济更加发展、民主更加健全、科教更加进步、文化更加繁荣、社会更加和谐、人民生活更加殷实，这是我们党向人民、向历史作出的庄严承诺，是 14 亿中国人民的共同期盼。在此基础上，再奋

---

① 中共国务院发展研究中心党组：《新发展理念引领我国发展全局深刻变革》，《光明日报》2018 年 1 月 3 日。

斗 15 年，到 2035 年，基本实现社会主义现代化，到 21 世纪中叶，把我国建成富强民主文明和谐美丽的社会主义现代化强国。新发展理念放眼我国发展全局，把握世界发展大势，致力于推进全面建成小康社会和社会主义现代化国家建设，创造性回答了新时代实现什么样的发展、如何实现发展的一系列重大问题，展现了以习近平同志为核心的党中央在新时代担负起的巨大历史责任和致力于中华民族伟大复兴的雄心壮志。新发展理念必将引领新一轮思想解放和理念变革，让崇尚创新、注重协调、倡导绿色、厚植开放、推进共享成为全社会的亮丽风景线，极大激发广大人民群众的创造性，极大解放和发展社会生产力，极大增强社会发展活力，进而深刻改变和重塑我国发展格局，为我国赢得更加光明的发展前景。

新时代，我们必须从整体上系统化科学把握新发展理念。新发展理念主旨相通、目标指向一致，既各有侧重又相互支撑，构成了一个系统化的内在逻辑体系。只有将新发展理念当作"一个理念"、一个集合体来认识，才是全面、深刻的。与此相应，在实践中贯彻落实新发展理念，务必树立全面系统的思维方式，按照新发展理念的整体性和关联性进行系统设计，与"五位一体"总体布局相辅相成，与"四个全面"战略布局相得益彰。"创新、协调、绿色、开放、共享的发展理念，相互贯通、相互促进，是具有内在联系的集合体，要统一贯彻，不能顾此失彼，也不能相互替代。哪一个发展理念贯彻不到位，发展进程都会受到影响。"① 应当看到，经过四十多年的改革开放，我国社会主要矛盾已发生重大变化，各种利益关系错综复杂，要求我们提高系统思维能力，坚持发展地而不是静止地、全面地而不是片面地、系

① 中共中央宣传部：《习近平总书记系列重要讲话读本》，学习出版社、人民出版社 2016 年版，第 136 页。

统地而不是零散地、普遍联系地而不是单一孤立地观察事物，妥善处理各种重大关系，在权衡利弊中趋利避害、作出最为有利的战略抉择。贯彻落实新发展理念，以系统思维进行整体谋划，不能东一榔头西一棒子，而是要突出发展的系统性、整体性、协同性，充分考虑不同地区、不同行业、不同群体对发展的个性化、差异化诉求，使发展成果更多更公平惠及全体人民。

新时代，我们必须用新发展理念推动经济发展方式的深刻变革。我国经济已经由高速增长转向高质量发展阶段，正处在转变发展方式、优化经济结构、转换增长动力的攻关期。要以新发展理念为引领，更加突出发展的创新性，瞄准世界科技前沿，强化基础研究和应用基础研究，实现前瞻性基础研究、引领性创新成果重大突破。突出关键共性技术、前沿引领技术、现代工程技术、颠覆性技术创新，破解"卡脖子"难题。更加突出发展的整体性协调性，实施乡村振兴战略和区域协调发展战略，构建现代农业产业体系、生产体系、经营体系，实现产业振兴、人才振兴、文化振兴、生态振兴与组织振兴。更加突出发展的可持续性，建立健全绿色低碳循环发展的经济体系，实施重要生态系统保护和修复重大工程，推动形成人与自然和谐发展的现代化建设新格局。更加突出发展的内外联动性，以共建"一带一路"为重点，坚持"引进来"和"走出去"并重，形成陆海内外联动、东西双向互济的开放格局。更加突出发展的包容性、普惠性，不断满足人民日益增长的美好生活需要，使人民获得感、幸福感、安全感更加充实、更有保障、更可持续。

新时代，我们必须把贯彻新发展理念和求真务实的行动落到实处。一是要深学笃用，通过加强学习确立对贯彻新发展理念的自觉和自信，提高领导工作的专业思维、专业素养、专业方法，领导干部要成为经济社会管理的行家里手。古人说："非知之难，行之惟难。"知行合一，贵在行动。二是要用好辩证法，坚持系统的观点，坚持"两点论"和"重点论"的统一，以重点突破带动整体推进，在整体推进中实现重点突破；遵循对立统一规律、质量互变规律、否定之否定规律，坚持继承和创新相统一，既求真务实，稳扎稳打，又与时俱进，敢拼敢闯；坚持具体问题具体分析，"入山问樵、入水问渔"，一切以时间、地点、条件为转移，善于进行交换、比较、反复，善于把握工作的时度效。三是要创新手段，发挥改革的推动作用和法治的保障作用，要注重研究解决全面深化改革和法治建设领域遇到的突出问题，善于用改革手段和法治思维、法治方式推动贯彻落实新发展理念。四是要守住底线，积极主动、未雨绸缪、见微知著、防微杜渐，下好先手棋，打好主动仗，做好应对任何形式的矛盾、风险、挑战的准备，层层负责，人人担当，在贯彻落实新发展理念中及时化解矛盾和风险。

二、加快构建基于新发展理念的体制机制

新发展理念的确立总是同旧发展理念的破除相伴随的。贯彻落实新发展理念，涉及思维方式、行为方式、工作方式的变革，涉及社会关系、利益关系、工作关系的调整，必须全面创新发展体制、重塑发展生态，在解决发展动力，增强发展的整体性、协调性、平衡性、包容性等方面破难题、建机制，使各项改革举措落地生根，确保新理念转化为新实践、新行动，形成有利于创新发展、协调发展、绿色发展、开放发展、共享发展的体制机制。

培育引领发展的强劲动力，构建创新发展体制机制。坚持创新引领发展，注重调整体制和机制。一是要重视发挥科技创新在全面创新中的

引领作用。要深化科技管理体制改革，加强重大科技基础设施、科技创新中心建设，稳定支持重点学科方向的自由探索，强化创新源头供给，切实加强重大交叉前沿领域的前瞻部署，注重突破关系发展全局的重大技术，强化重点领域关键环节的重大技术研发，加快突破新一代信息通信、新能源、新材料、航空航天等领域核心技术。二是要强化企业创新的主体地位。激发企业内在的创新动力，鼓励企业围绕市场需求建立研发机构，使企业真正成为技术创新决策、研发投入、科研组织和成果转化应用的主体，促进科技成果向现实生产力转化。三是要发挥政府对科技创新的引导和推动作用。政府要在体现国家意志的战略领域和市场失灵的公共领域积极作为，坚持战略和前沿导向，将精力专注于支持前沿技术、重大共性关键技术、公益技术等具有"公共产品"属性、具有外部性的科学和技术产品与服务，为创新提供源源不断的动力和制度、资金、人才保障。

增强整体发展的综合效能，构建协调发展体制机制。围绕解决发展不平衡不充分问题，改革完善相关机制和政策。一要深入实施区域发展总体战略。强化举措推进西部大开发形成新格局，深化改革加快东北等老工业基地振兴，发挥优势推动中部地区崛起，创新引领率先实现东部地区优化发展。二要大力推进优势增长极内部协同发展。以疏解北京非首都功能为"牛鼻子"推动京津冀协同发展，以共抓大保护、不搞大开发为导向推动长江经济带发展，加快推进长三角一体化进程，积极打造粤港澳大湾区，建设世界级城市群。三要推动城乡协调发展。加快农业转移人口市民化，推进有能力在城镇稳定就业和生活的农业转移人口举家进城落户，并与城镇居民享有同等权利和义务。深入实施乡村振兴战略，按照产业兴旺、生态宜居、乡风文明、治理有效、生活富裕的总要求，加快推进农业农村现代化。四要推动物质文明和精神文明协调发展。在建设高度发达的物质文明的同时，大力推进精神文明建设，确保"两个文明"成果为全体人民所共享。

坚持资源节约和生态保护，构建绿色发展体制机制。坚持节约资源和保护环境的基本国策，需要体制机制创新和政策体系完善。一要从源头抓起，重塑内生动力机制，形成绿色发展方式与生活方式。加快建立绿色生产和消费的法律制度和政策导向，建立健全绿色低碳循环发展的经济体系，构建市场导向的绿色技术创新体系。二要全面加强生态文明体系建设。加快建立健全以生态价值观念为准则的生态文化体系，以产业生态化和生态产业化为主体的生态经济体系，以改善生态环境质量为核心的目标责任体系，以国家治理体系和治理能力现代化为保障的生态文明制度体系，以生态系统良性循环和环境风险有效防控为重点的生态安全体系。三要着力解决突出环境问题，构建以政府为主导、企业为主体、社会组织和公众共同参与的环境治理体系。通过提高污染排放标准，强化排污者责任，健全环保信用评价、信息强制性披露、严惩重罚等制度，实现最突出环境问题的根本性解决。

坚持对外开放的基本国策，构建开放发展体制机制。更加注重规则等制度型开放，以高水平开放带动改革全面深化。一要推动共建"一带一路"。遵循"共商、共建、共享"的原则，以政策沟通、设施联通、贸易畅通、资金融通、民心相通为主要内容，着力把"一带一路"建成和平之路、繁荣之路、开放之路、创新之路、文明之路。二要推进贸易强国建设。要加快转变外贸发展方式，创新跨境电子商务、市场采购贸易发展、外贸综合服务企业等外贸发展模式，创新对外投资方式，实行积极的进口政策，营造国际一流营商环境，大幅度放宽市场准入，扩大服务业对外开放。实施好《中华人民共和国外商投资法》（以下简称《外商投资法》）。三要加快培育国际经济合作和竞争新优势。

促进国际产能合作，形成面向全球的贸易、投融资、生产、服务网络，支持企业扩大对外投资，推动装备、技术、标准、服务"走出去"，打造一批具有全球竞争力的世界一流跨国企业。四要努力推动全球经济治理。加强国际经济政策协调，积极参与网络、深海、极地、空天等新领域国际规则的制定，推动多边贸易谈判进程，加快实施自由贸易区和自由贸易岛战略，促进国际货币体系和国际金融监管改革。

促进和维护社会公平正义，构建共享发展体制机制。加快社会事业发展，更好保障和改善民生。一要发展更加公平更有质量的教育。深化教育改革，提高教育质量，促进教育公平，推动义务教育均衡发展，让每个适龄儿童都能接受公平的、高质量的教育，让全体人民都能获得共享教育改革的红利。二要实现更高质量就业。坚持就业优先战略，将就业优先政策置于宏观政策层面，彻底打破就业、创业市场上的壁垒与身份歧视，完善创业扶持政策，搭好创业平台，打造大众创业、万众创新的新引擎，创造更多参与共享发展的机会。三要实施健康中国战略。继续深化医药卫生体制改革，建立覆盖城乡的基本医疗卫生制度和现代医院管理制度，加快公立医院改革步伐，优化医疗卫生机构布局，促进医疗资源向基层与农村流动，鼓励社会力量发展健康服务。四要加强社会保障体系建设。建立更加公平更可持续的社会保障制度，实施全民参保计划，基本实现法定人员全覆盖，实现职工基础养老金全国统筹，建立基本养老金合理调整机制，全面实施城乡居民大病保险制度，统筹社会救助体系，推进相关制度的整合，确保困难群众基本生活。五要缩小收入差距迈向共同富裕。要站在社会主要矛盾发生转化的战略高度审视公平与效率的关系，加强和创新社会治理，在做大"蛋糕"的同时分好"蛋糕"，确保发展成果惠及全体人民群众，让人民群众有更多获得感，促进社会公平正义。

三、着力用新发展理念解决现实中的突出问题

新发展理念是针对我国发展中的突出问题提出来的，是新时代坚持和发展中国特色社会主义基本方略的重要内容。贯彻落实新发展理念，归结到底就是要用新发展理念解决现实中的突出问题和发展短板。

着力适应我国社会主要矛盾的变化，重点解决不平衡不充分问题。"秉纲而目自张，执本而末自从。"抓住主要矛盾带动全局工作，是唯物辩证法的内在要求，也是我们党一贯倡导和坚持的方法论。毛泽东同志指出："对于矛盾的各种不平衡情况的研究，对于主要的矛盾和非主要的矛盾、主要的矛盾方面和非主要的矛盾方面的研究，成为革命政党正确地决定其政治上和军事上的战略战术方针的重要方法之一，是一切共产党人都应当注意的。"[1] 习近平总书记在党的十九大上作出的"我国社会主要矛盾已经转化为人民日益增长的美好生活需要和不平衡不充分的发展之间的矛盾"这一重要论断，是坚持辩证唯物主义和历史唯物主义的世界观方法论，坚持党的实事求是思想路线，通过历史和现实、理论和实践相结合的分析得出的正确结论，反映了我国社会发展的客观实际。我国社会主要矛盾的变化必然要求我们转变发展方式和发展重点，必须实现从"物质文化需要"到"美好生活需要"，从解决"落后的社会生产"问题到解决"不平衡不充分的发展"问题的重大变革。贯彻落实新发展理念，必须认真分析这一关系全局的历史性变化，着力解决不平衡不充分问题。只有牢牢把握我国社会发展的阶段性特征和发展方式、发展重点的深刻变化，才能针对我国社会主要矛盾的变化提出切实可行的新思路、新战略、新举措。

---

① 《毛泽东选集》第一卷，人民出版社 1991 年版，第 326—327 页。

着力适应高质量发展的需要，重点推进现代化经济体系建设。实现"两个一百年"奋斗目标、实现中华民族伟大复兴的中国梦，不断提高人民生活水平，必须坚定不移把发展作为党执政兴国的第一要务，坚持解放和发展社会生产力，推动经济持续健康发展。我国经济由高速增长转向高质量发展，建设现代化经济体系是跨越关口的迫切要求，是适应我国社会主要矛盾变化和全面建成小康社会、全面建设社会主义现代化强国的必然要求，是遵循经济规律发展和贯彻落实新发展理念的必然要求。建设现代化经济体系、推动高质量发展是当前和今后一个时期确定发展思路、制定经济政策、实施宏观调控的根本遵循，必须形成建设现代化经济体系、推动高质量发展的指标体系、政策体系、标准体系、统计体系、绩效评价、政绩考核，创建和完善制度环境。建设现代化经济体系、推动高质量发展要坚持质量第一、效益优先，以供给侧结构性改革为主线，推动经济发展质量变革、效率变革、动力变革，提高全要素生产率，着力加快建设实体经济、科技创新、现代金融、人力资源协同发展的产业体系，着力构建市场机制有效、微观主体有活力、宏观调控有度的经济体制，不断增强我国经济创新力和竞争力。

着力适应决胜全面建成小康社会的需要，重点打好三大攻坚战。从现在到 2020 年，是全面建成小康社会决胜期，要突出抓重点、补短板、强弱项，特别是要坚决打好防范化解重大风险、精准脱贫、污染防治的攻坚战，使全面建成小康社会得到人民认可、经得起历史检验。一是坚决打好防范化解重大风险攻坚战。"安而不忘危，存而不忘亡，治而不忘乱。"当前和今后一个时期，是我国发展面临的各方面风险不断积累，甚至集中显露的时期。我们面临的重大风险是多方面的，既包括国内的经济、政治、意识形态、社会风险以及来自自然界的风险，也包括国际经济、政治、战略、主权、军事等方面的风险。各种风险往往不是孤立出现的，很可能是相互交织并形成一个风险综合体。打好防范化解重大风险攻坚战，既要居安思危，增强忧患意识和底线思维，加强风险隐患排查，加强风险研判，更要居安排危，贯彻落实好新发展理念，解决好发展中的不平衡不充分问题，这是防范化解各类风险的治本之策。二是坚决打好精准脱贫攻坚战。贫困问题是发展不平衡不充分的集中体现，只有通过贯彻落实协调发展、共享发展等新发展理念才能从根本上加以解决。要保证现行标准下的脱贫质量，瞄准特殊贫困群众精准帮扶，向深度贫困地区聚焦发力，激发贫困人口内生动力，加快贫困地区发展步伐，不断缩小地区差距、城乡差距。三是坚决打好污染防治攻坚战。环境污染问题是长期偏重 GDP 而忽视生态保护带来的后果。贯彻落实新发展理念，必须坚持"五位一体"总体布局，重视绿色发展，加强环境保护和生态治理，使主要污染物排放总量大幅减少，生态环境质量总体改善。打好污染防治攻坚战重点是打赢蓝天保卫战，调整产业结构，淘汰落后产能，调整能源和运输结构，加大节能力度和考核，统筹兼顾、标本兼治，使生态环境质量持续改善。

第三章 稳就业：
坚持把稳就业摆在更加突出位置

    党中央、国务院历来重视就业问题，党的十八大以来，我国宏观调控政策明确把稳就业放在经济发展的中心位置。党的十九大提出我国已经进入高质量发展阶段，并对稳就业提出"实现更高质量和更充分就业"的新要求。2019年《政府工作报告》提出要更加注重就业优先，把稳就业作为"六稳"工作之首，并为了强化各方面重视就业、支持就业的导向，首次将就业优先政策置于宏观政策层面。就业是民生之本，就业是宏观调控最核心指标。2013年以来，由于经济发展阶段的变化，我国就业总量关系和结构均发生了深刻变化，特别是最近几年我国经济持续下行而就业不降反升，归纳原因，既有经济规律作用的内因（就业的规模效应、结构效应等），也有政策有力的外因。两者相互作用，是我国经济增速缓降而就业稳中向好的根本原因。但在我国就业总量问题明显缓解的同时，就业结构性矛盾和质量问题变得比较突出，影响经济增长的质量与效率提高，而近年来国际环境的不确定性、不稳定性增加，特别是中美贸易摩擦升级，对我国就业增长形成较明显的外部压力。必须坚持就业优先政策，着力解决结构性就业难题，提高就业质量，为宏观经济保持合理区间和推进高质量发展奠定坚实的基础。

第一节　当前就业总体形势

2012 年以来，我国经济下行压力不时加大，先后形成了三波下行走势，但失业率不升反降，经济缓降而就业稳定，成为我国经济在结构调整深化中稳中向好的最大亮点。当前和今后一个时期，我国就业总量压力不减、结构性矛盾凸显，中美贸易摩擦和新冠肺炎疫情等新的影响因素还在增加，短期就业压力依然不小。

一、"就业稳"成为我国经济稳中向好的最大亮点

2012 年以来，城镇新增就业连续 7 年保持高位，奠定了我国就业总量稳中向好的坚实基础。2013 年以来，我国城镇新增就业连续 7 年超过 1300 万人（见图 3-1），成为我国城镇新增就业最多的时期，其中 2017—2019 年连续三年城镇新增就业超过 1350 万人。2013—2019 年间年均增加 1332 万人，比 2008—2012 年平均值（1174 万人）高 13.4%。

登记失业率与调查失业率持续下降，目前继续处于相对低位。2019 年年底全国城镇登记失业率为 3.62%，保持在较低水平，明显低于 4.5% 的预期目标。我国登记失业率自 2009 年以来一直呈缓慢下降态势。2009 年为 4.3%，之后 6 年稳定在 4.1% 左右，2017 年第三季度首次降至 4%，为 3.95%，最近两年虽然经济下行压力再次加大，但登记失业率仍在继续下降。2019 年年底，全国城镇调查失业率为 5.2%，其中 25—59 岁主要劳动年龄群体失业率各月均在 5.0% 以下，均好于预期。

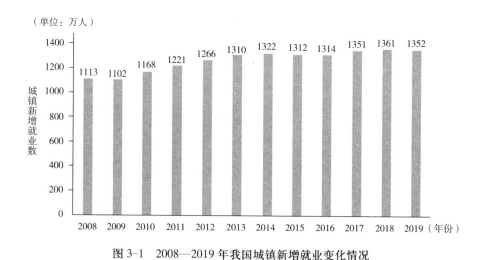

图 3-1　2008—2019 年我国城镇新增就业变化情况

资料来源：根据国家统计局历年统计公报整理。

我国就业形势在经济稳中趋降的总趋势下能持续稳中向好，主要是由于以下四大原因：

一是就业效率提高，GDP 增长拉动的就业人数明显增加。我们的研究表明，"十一五"以来，我国宏观经济增长的就业拉动效应显著提高，"十一五"期间 GDP 增长 1 个百分点，平均拉动就业 100 万人；"十二五"期间 GDP 增长 1 个百分点，平均拉动就业 170 万人；"十二五"以来，1 个百分点的 GDP 增长，平均拉动就业超过 200 万人。特别是经济结构由第二产业为主向第三产业为主转型，对就业的拉动作用增强，第三产业对就业的拉动能力，平均比第二产业高 20%。

二是新业态创造的就业机会显著增多。数据显示，对就业吸纳作用最强的，是基于互联网平台所产生的一些新业态。各类创新主体携手合作，线上线下良性互动，使就业动能不断增长，就业形态呈现多元化，创业带动就业的倍增效应不断显现。电子商务催生了大量新的就业形态，拓展了传统产业的就业空间，特别是快递业成为农民进城就业的新渠道。2006—2019 年间，我国快递业务收入年均复合增长率超过 30%，快递业高成长体现了新经济的活力，也创新了越来越多的就业机会。目前快递业就业总规模超过了 300 万人，并以每年 20 万—30 万人的规模递增。另外，"零工经济"成为就业的"新宠"。越来越多的劳动者，通过在线平台出租房间、设计网站、出售自己家庭制作的产品或开私家车获得额外收入，成为独立工作者。据美国麦肯锡全球研究所调查，目前全世界约有 3.15 亿人主要以"零工"方式为雇主服务，数量是 10 年前的 2.85 倍，"零工经济"的发展有广泛的社会基础和发展前景。

三是制度改革释放了就业空间。持续推进以商事制度改革、减税降费为重点的政府行政改革举措，使创新创业的成本降低、效率提高，既增强了市场活力，又扩大了就业容量，是促进就业增长的重要原因。2013 年以前，每天新登记企业数不到 1 万户，而目前每天新登记企业近 2 万户。

四是各种积极的稳就业政策发挥了重要作用。2019 年是就业优先政策全面发力的一年。2019 年国务院升格成立了就业工作领导小组，全国人大开展了就业促进法执法检查，愈加明确了宏观政策就业优先导向。特别是援企稳岗"降、返、补"等稳就业政策全面发力，失业保险全年向 114.8 万户企业稳岗返还 551.7 亿元，惠及职工 7289.5 万人；职业技能提升行动扎实开展，超额完成 1500 万人次的培训任务；就业服务全面升级，全年共提供免费职业介绍、职业指导近 1 亿人次。

二、当前稳就业面临的挑战

我国经济发展进入新时代、社会主要矛盾发生重大转化，也反映在我国劳动力市场发展上。在经济发展的新时代、新阶段，我国就业的总量矛盾已得到了明显缓解，而就业的结构性问题相对突出，短期还面临多重内外交织的就业压力。

（一）长期结构性就业问题突出

当前我国就业的结构性问题主要体现在一些群体上或地域上。如青年特别是大学生就业难问题、农民工就业问题、国企的隐性失业问题、服务业就业的巨大潜力受到较强的体制机制限制等。其中最为突出的是大学生就业难和农民工就业不稳定不充分的问题。每年 800 多万的高校毕业生占了新增城镇就业人口的 60%；2.8 亿的农民工已超过了总就业人数的三分之一。

一是青年特别是大学生的就业问题。青年就业特别是大学生就业关系到一个国家当前经济社会稳定和未来可持续发展。近年来我国大学生毕业后半年的就业率稳定保持在 90% 左右。过去连续多年的"最难就业季"的说法，表明这一问题确实十分突出，也十分令人瞩目。最近几年应届大学毕业生的失业率在 8%—8.5% 之间，明显高于城镇调查失业率。我国经济的换挡升级对高素质、高技能人才需求大增，但高校毕业生不能满足这种需求从而导致大学生失业率上升。这种就业的结构性矛盾既影响了青年人的信心，也是巨大的人力资源浪费，是当前推进创新发展和高质量发展必须着力解决的问题。

二是农民工就业问题。"农民工"是二元户籍制度和二元经济结构约束下的必然产物，它为中国改革开放以来现代化发展作出了巨大贡献，也带来了许多问题和挑战。农民工就业问题主要表现在以下方面：（1）农民工低市民化影响供给质量。目前我国农民工总数接近 3 亿人，其中一半多是跨省流动。一方面，农民工在城市中长期工作和生活，却不能享受同等教育、医疗、住房等最基本的市民权利，致使供给具有内生的不稳定性；另一方面，农民工市民化进程偏慢，必然导致身份受歧视、生活水平低等问题，在就业上表现为农民工就业的不充分性，且容易产生欠薪、失业、工伤等就业安全问题。（2）产业结构调整挤压农民工需求。农民工就业集中在工厂、工地和低端服务业。农民工自我发展和提升的意识不强，不能很好地适应我国产业结构调整从中低端走向中高端对农民工技能提升的需要。越来越多的机器人应用正在对农民工就业产生影响。中美贸易摩擦升级对依赖于劳动力的加工贸易一般产业形成一定的冲击，对农民工就业形成新的压力。（3）农民工就业从制造业向服务业转换面临诸多约束。随着我国经济结构的不断调整，劳动密集型的制造业由于机器换人以及产业转型升级进程加快，就业需求减少，而服务业用工需求却在不断增加，2.8亿的农民工将迎来最大的"转岗潮"，即从制造业向服务业转换。服务业对劳动力素质要求较高，且许多服务业就业非同质，而大多数农民工教育水平偏低，职业培训缺乏、自我提升意识不强，劳动者的技能素质不能满足新产业、新岗位的需求。

三是一些领域和区域的隐性失业问题突出。隐性失业是劳动力的边际生产力在一个相当大范围内为零，即人浮于事，冗员严重，名义上就业实际上却处于失业或半失业状态。其必然后果是劳动生产率远低于潜在生产率。这一问题有因体制机制的原因，在国有企业中较为普遍，特别是大量存在于那些产能过剩较为严重、"僵尸企业"分布较多的行业中，如钢铁、煤炭、化工、石油加工等传统重化工业中。这些行业或企业，在面临连续多年亏损时通常通过降薪、缓发工资、停薪留职、内部休假等来避免直接裁员，致使企业负担沉重。而深化供给侧结构性改革，加大去产能力度，必然使这些行业或区域的隐性失业显性化，从而不可避免地对当地就业形成较大压力。

四是服务业就业空间仍受到不少限制。虽然目前服务业在三次产业中的比重有了很大程度的提升，但与发达国家相比，还有很大的差距，存在服务业发展潜力没有充分发挥、生产性服务业发展不足以及现代服务业比重低等问题。

（二）短期就业压力不小

一是中美贸易摩擦和新冠肺炎疫情对我国就业形成的压力不可小视。中美贸易摩擦的持续升级成为影响我国经济发展的"最大干扰"，不仅对我国就业总量的增长形势形成较大压力，而且结构性影响也很明显。贸易摩擦升级首先会带来受加征关税商品清单中的行业和企业就业减少，长期也必然波及产业链上下游行业和企业的就业。从不同区域看，短期内，贸易依存度更高的城市和地区将受到更大冲击，例如东莞、深圳、珠海、苏州等城市的出口依存度都超过70%，对美国出口大约占这些城市总出口额的20%左右，这些城市的就业规模将可能受到较大冲击。从就业群体来看，对农民工的冲击最大。贸易摩擦升级首当其冲的是制造业，而农民工有近三分之一分布在制造业领域，出口的减少必然带来农民工的大量失业，而他们由于知识和技能提升所限，再就业能力普遍较弱。此外，中美贸易摩擦对国际产业分工体系的影响也不可小觑。中美贸易摩擦加剧会导致劳动密集型产业加速向外转移，使就业流失过快，可能导致较为密集的群体性失业。2020年春节期间暴发的新冠肺炎疫情不会改变中国经济长期向好的基本面，经济发展的韧性、弹力和空间依然存在，但疫情对中国经济的短期影响不容忽视，尤其是对第三产业中的旅游、餐饮、住宿、影视、展览、交通运输、教育培训等行业影响最为严重，这会对第三产业的就业造成较大压力。此外，本次疫情被世界卫生组织宣布为"国际关注的突发公共卫生事件"将会对出口贸易产生不利影响,从而减少出口导向行业的就业机会。

二是我国经济破旧立新的历史发展进程和政策操作层面的不周全对当前就业稳定也带来一定压力。在当前供给侧结构性改革和新旧动能转换的关键阶段,在内外因素的共同作用下,历史上积累的一些风险和矛盾逐步显现。与大型企业相比,一些中小企业由于自身问题,比如产能较落后、负债较高、产品质量较差、经营管理不善等,其在去产能去杠杆调结构过程中面临更大生存压力,必然带来一定比例的破产倒闭。特别是中小企业融资难融资贵问题依然比较突出,中小企业贡献了80%以上的城镇劳动就业,但他们却没有获得与之相应的金融服务。由于中小企业相比大企业的贷款不良率较高,造成基层银行机构不愿贷不敢贷,导致很多中小企业根本贷不到钱。另外,由于原材料采购成本、运输成本、销售成本、劳动力成本的上升和较高的税费负担,中小企业发展确实面临一些突出困难,给当前就业带来较大压力。

三是城市街道经济功能的衰落严重影响到传统生活性服务业的就业吸纳能力。城市街道除了具有交通功能,还有最为重要的经济功能,是城市经济最有生命力的细胞,即大量不同功能的沿街商铺为居民和外来游客提供方便的服务,是城市就业的重要载体,对城市生活和就业的稳定起着十分重要的作用。然而由于三方面原因造成我国很多城市街道经济功能过快萎缩:第一是城市房价的过快上涨导致沿街商铺租金攀升,使其经营成本高涨,导致许多便民商铺被迫关闭;第二是网络经济的发展尤其是电商的冲击导致实体商店的需求萎缩,使其客源减少、销售额剧降;第三是城市街道环境治理是未来城市发展的长期任务,但一些地方一味追求整齐、高档,在整治中忽视街道的多样化经济功能,致使许多城市拆除和赶走了大量沿街小商铺。这不仅明显减少了一些传统商业的就业机会，也给当地居民生活带来很大的不便。

四是青年失业和"啃老"问题值得高度关注。在我国，大学生找工作难或失业成为最热门的话题之一。但从全球看，青年失业问题是普遍性问题，特别是在国际金融危机爆发后的过长调整期内，青年的高失业率居高不下，由此派生出社会问题——"啃老"问题。这对未来社会的发展是一大新挑战。习近平总书记在党的十九大报告中，要求全党要关心和爱护青年，为他们实现人生出彩搭建舞台。青年问题事关国家未来，需引起各方面高度重视。"啃老"现象的日益严重也与青年失业率高及房价过高有关。汇丰银行发布的一份调查报告(包括中国、墨西哥、美国等 9 个国家）显示，中国的"80 后""90 后"年轻人住房拥有率高达 70%，遥遥领先第二名的墨西哥（46%），也是美国该项指标（35%）的 2 倍水平。过高的青年自有住房率很大程度上是因为"啃老"的结果（首付通常来自年轻夫妇的父母），同时，由于青年的高自有住房率（很大一部分是恐慌性抢购）必然会抬高房价，这又迫使另一部分青年（在房子上啃不了老的人群）与父母合住，用另一种方式"啃老"，这无疑加剧了一些老年人的负担，降低了一些老年人的生活质量。

第二节　宏观经济政策要更加注重就业优先

党的十八大以来，以习近平同志为核心的党中央，根据国内外经济环境发生的重大变化，坚持宏观调控思路和方法的创新，逐步形成了以稳就业稳物价、促进高质量发展为中心的宏观调控框架。其中突出就业优先、把就业优先政策置于宏观层面是这一新宏观调控框架的重要方面。

过去在四大宏观经济指标中，通常情况下我国的宏观调控目标侧重于经济增长，兼顾物价、就业和国际收支平衡，只有在非常时期，我们强调防通胀、反通缩。强调稳就业也只是经济发展进入新常态后逐步确立的。主要是把城镇新增就业作为稳定就业的数量指标，并分别两次提高目标，反映了我国对新时代经济发展稳就业的信心增强。在追求高质量发展的新阶段，我国宏观调控目标在逐步淡化经济增长，而更加强调就业稳定和物价稳定，与此同时，宏观调控要更加注重提高经济发展的质量和效益。这主要是基于以下三个方面的考虑：

一是根据各国特别是发达国家宏观调控的经验和做法，我国的宏观调控目标的设定需要与国际接轨。稳定就业和物价是决定宏观经济环境稳定的两个最核心的因素，发达国家都把保持就业和稳定物价作为宏观调控的两大核心目标，在我国，这意味着要淡化经济增长而强调就业增长，体现就业优先的取向，稳增长最主要的也是稳就业。

二是在当前"六稳"中突出稳就业优先，且在未来的宏观调控中（2021年以后）可能用实现充分就业目标代替年度经济增长目标，体现了习近平总书记以人民为中心的经济思想，也反映了我国劳动力供求关系发生重大变化后对"人的因素"更为重视。就业是最大的民生。党的十八大以来，我国逐步确定了宏观调控的主要目标是保持就业和物价的稳定，但经济增长仍然是主要调控目标。党的十九大以后经济发展更注重质量提高、更注重民生、更注重增强活力、更注重创新、更注重提高发展的整体性，为此，必须逐步淡化 GDP 增长目标。

三是体现了新时代高质量发展的内在要求。党的十九大报告提出，我国经济已由高速增长阶段转向高质量发展阶段，且2021年后我国将更明显地淡化经济增长目标，越来越强调宏观经济发展的质量。强调就业优先，就是重视经济发展的就业效益，就业增长比 GDP 增长更能体现经济发展质量的提高，在宏观经济环境稳定上更具有基础性。

宏观经济政策要更加注重就业优先，未来宏观总量调控目标必须更加简化、就业调控的目标也要更加精准。党的十八大以来，我国的宏观调控思路和方式不断创新发展，且日趋成熟。主要是形成了区间调控＋结构性调控的新思路。区间调控由上限与下限组成，上限是通胀，是发展的高压线，下限是稳增长和就业，是发展的底线。预计 2021 年后稳增长目标将会被提高经济发展质量所替代，那么，下限就只剩下就业，因此区间调控将进一步简化，即下限是失业率、上限是通胀率。精简后的区间调控目标将更加规范、更可预期，相信调控的效果也会更好。与此同时，从宏观经济发展与就业增长来讲，中国现阶段经济矛盾主要是结构性的，结构性调控政策要进一步加强和完善，总量调控（区间调控）与结构性调控相结合是我国必须长期坚持的宏观调控框架。我国当前的就业调控目标设计还不够精准，目前主要是确定城镇新增就业量的底线，失业率指标因可用性较差，还难以作为宏观调控的主要指标。宏观就业调控，要逐步建立就业总量调控和就业结构调控两组指标。这两方面都要做大量的基础工作，需要有相应的改革举措。更为重要的是，由于我国劳动力供求关系的重大变化，就业总量矛盾明显缓解，而就业的结构性问题日益突出，因此，必须把就业调控的重点更多地放在解决就业的结构性问题及提高就业质量上来。即宏观就业调控，既重视就业总量的平衡，更重视就业结构的优化和质量提高。

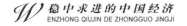

第三节　紧紧把握稳就业的着力点

要坚持就业优先原则，准确把握就业结构性矛盾这一主要矛盾，着力稳经济、拓岗位、兜底线，保持经济运行在合理区间，做好高校毕业生、农民工等重点群体就业工作，化解结构性就业难题，实现更高质量、更充分的就业。

一、坚持把提高大学生就业率作为当前阶段我国提高就业质量的重点

正如世界银行报告指出的，无论采取何种形式，人力资本的积累总是合理的，在以新思想和创新为核心的经济发展中，高等教育发挥着独特的作用。数量更多和质量更高的知识工作者能够更迅速地吸收新知识，促进经济高质量发展。目前我国每年毕业的 800 多万大学生是一笔宝贵的财富。大学生失业率高，便意味着人力资源的巨大浪费，也是典型的就业质量问题。在经济发展的高质量阶段，必须把提高大学生素质和大学生就业率作为提高经济发展与就业质量的重点。

一是加强大学生就业的统计工作，提高大学生就业、失业数据的质量，倒逼大学专业设置的优化。大学生就业率是衡量大学专业设置是否合理、招生是否体现就业需求导向的重要指标，对低就业率的学校或专业，实行市场淘汰制，压低招生规模。对此，关键是要提高大学生就业的统计质量。根据大学生就业三方合同计算的大学生就业率，仍然有较大的水分，最好的办法是让毕业证与三方合同脱钩，学生签订的三方合同校方可以掌握，但同时进入政府公共信息平台，委托第三方加以统计

和就业变动监控，对大学生就业作假严重的学校予以警告，并将监测结果作为大学专业设置是否保留或招生增减的重要依据。

二是深化高等教育改革，提高大学生素质特别是提高大学生创新能力，以不断提高中高端人才的供需匹配水平。一方面，我国进入高质量发展阶段要求高等教育的供给质量要显著提高，对此，必须深化高等教育改革。深化教育改革的重点要放在提高大学生、研究生的创新能力上，主要是改革高等教育的培育方式和准入准出方式，促进高等教育方式由数量型、被动知识输灌型向素质型、创新型转变，着力培育大学生的创新精神和创新能力。准入准出方式则要加快从"严进宽出"向"宽进严出"转变。有了创新精神和创新能力，就能增强对劳动力市场的适应能力，提高人力资源供求匹配水平。另一方面，要对大学生创新创业给予更多更宽容的激励，提高创业的成功率。鼓励政府、校方与民间资本合作设立大学创业园、设立大学生创业基金等。同时，要加强对大学生创新创业活动的指导。

三是鼓励大学生在校和毕业后实施职业培训，提高大学生社会就业率。一方面，要求各高校必须开设一两门职业培训课，供大学生选择；另一方面，鼓励大学生在校期间或毕业后参加社会高端人才培训。主要措施是对就业适应能力较低的大学生，发放培训券，支持其参与校外或毕业后的职业培训。

四是引导大学生或青年人树立正确的就业观，抑制消极就业或"啃老"现象。社会各方面，特别是教育机构，要帮助青年人树立正确的就业观。再差的工作也是工作，自我独立比"啃老"强百倍。坚定贯彻"房子是用来住的，不是用来炒的"定位，建立房地产的长效发展机制，促进房价回归理性，从而抑制青年人住房和就业上的"啃老"倾向。

五是通过建设教育强国来吸收国际高端优秀人才，为我国的高质量

发展服务。吸引国际高端优秀人才，需要双管齐下：一方面，通过建设教育强国，增强国际人才竞争力。既要加强基础教育，更要优先发展高等教育，使我国的高等教育水平达到国际一流水平，吸引全球英才。另一方面，制定适合我国高质量发展需要的前瞻性移民政策。既要吸引广大的发展中国家最优秀的青年到中国留学，也要吸引发达国家的优秀青年到中国留学和工作。

二、改革二元体制，使农民工的就业更加稳定和充分

农民工是我国就业市场的中坚力量之一，对制造业和建筑业尤其如此，未来服务业的大发展更需要农民工的大量支持。农民工供给的不稳定和不充分不仅不利于农民工生活水平的提高，也不利于我国的产业转型升级。要把提高农民工供给的稳定性、充分性与提高农民工素质结合起来，提高农民工的就业质量。

一是切实加快农民工市民化进程，通过身份转换来保障农民工供给的稳定性和充分性。一方面，通过户籍制度改革，将农民工转变为真正意义上的城市居民，使其稳定工作到法定年龄，既能提高劳动力供给的稳定性和充分性，又能提高整体劳动生产率。另一方面，加强对农民工非正规就业的劳动保护，减少身份歧视，提高劳动力供给的稳定性和能动性。我国已初步建立起了以劳动合同、集体合同、劳动标准、三方协商、劳动监察、劳动争议处理、企业职工民主参与等制度构建而成的新型劳动关系协调制度，但这些制度往往在正规部门有效，而非正规部门的合同签约率低（30%—40%），劳动保护程度不高。为此，必须加强对农民工的劳动权益保护，对非正规部门也要逐步严格执行劳动合同法，完善劳动合同制度和劳动保护制度，从而提高农民工供给的稳定性

和充分性。

二是加强对农民工的培训，提高这一群体的整体专业技能和劳动素质，这是提高我国整体就业质量的又一重点。加强农村转移劳动力的培训，当前最主要的是要加强农民工由制造业向服务业职业转型培训。服务业对就业者的教育水平和素质的要求明显高于制造业，而多数农民工既缺乏服务意识又存在素质偏低问题，不适应服务业的发展，因此，必须加大对农民工职业转型的培训。加强农民工职业转型的培训，要建立农民工、就业单位和政府合作培训的新机制，农民工自己适当出资，主要靠政府补助企业或补助培训机构，而企业是否获得就业培训补贴资金则与企业新增就业量挂钩（可尝试政府发培训券的方式）。

三是加快实施乡村振兴战略，提高农民职业化水平和创业能力。一方面，乡村振兴战略是一项重大的战略工程，既要外部"输血"，鼓励外部资金大量投入，更要鼓励当地农民创新创业。鼓励农民依靠农村农业资源创新创业，对农民企业家办企业、做投资要给予更多的财税、金融政策支持。另一方面，要鼓励农业生产绿色化、小型机械化，适度规模经营，使一部分有专业知识技能的农民由兼业农民或不充分就业的农民转为职业农民，提高农业的专业化水平，实现既增产又增收的目标。

三、积极稳妥地解决国有企业的隐性失业问题和"4050"特殊群体就业问题

深化国有企业改革，最重要也是最难的问题是人的问题。完善体制机制、优化结构、"瘦身健体"，是深化国有企业改革、提高国有企业市场竞争力的必由之路，其中在"瘦身健体"过程中最关键的是使国有企业大量的冗员能够顺利地分流转岗。

一是多管齐下，积极稳妥地做好国有企业职工的转岗分流工作。深化国有企业改革，特别是在一些产能严重过剩的行业去产能过程中，企业分流安置员工有多种方式，最常见的有内部退养、协商一致解除劳动合同、放假或短期轮岗息工、内部竞争上岗、内部转岗、提供社会公益岗位等。到底选择哪种方式，要因地制宜、分类施策。在推进分流方案时，方案出台前要充分酝酿、征求意见，方案设计中要给予职工尽可能多的选择，有效平衡各种利益和权益，方案实施时，要尊重职工意愿，可选择的方式越多，利益平衡得越好，越有利于方案的实施。

二是鉴于我国当前的就业形势和政府的财政能力，国企职工分流安置的步子可迈得更大一些，即更多地鼓励协商一致方式解除劳动合同。这一方式，可能成本较高，但后遗症少，是一种较为彻底地解决国有企业隐性失业问题的办法。根据对我国当前就业的现状和趋势分析，去产能力度加大不会导致社会整体失业率的大幅上升，但要高度重视善后工作，特别是对职工的利益补偿要更加注重公平、更多体现人文关怀。

三是国企分流转岗中最难的是"4050"（指 20 世纪 40 年代、50 年代出生的人）特殊群体的再就业，要在分流方案和再就业政策上给予这一特殊群体更多的支持。可以采取停薪留职或仅发基本工资补贴等多种形式，鼓励"4050"特殊群体市场化就业，其社会保障基金缴纳由去产能补偿资金予以支持。"4050"特殊群体就业难的问题不仅是国企改革分流时存在，在市场化就业环境下同样也是一大问题。对一些家庭条件差或家庭"零就业"且技能低的所有职工，政府和社会机构，要在提供必需的社会救济的同时，实施就业援助计划。就业援助计划主要包括三方面内容：加大对"4050"特殊群体的转岗培训；提供一定的公益岗位；对吸纳一定数量"4050"特殊群体就业的企业予以政策性金融、优惠税收政策等支持。

四、深化服务业改革开放，提高服务业的就业容量和质量

在我国经济发展的新时代，服务业是扩大就业和提高就业质量的主要抓手。

一是各级政府要把促进服务业增长、提升服务业质量放在经济工作的重要位置。要像过去抓工业发展那样抓服务业发展。特别是要着力促进公共服务业发展，不断提高公共服务水平。

二是着力推进服务业供给侧结构性改革，消除抑制服务业发展的体制机制障碍，为服务业发展创造更加宽松的宏观环境。一方面，要进一步减少行政审批和大幅放宽公共服务业的市场准入。把服务业作为下一步对外开放的重点，按照准入前国民待遇加负面清单的管理模式，着力推进金融、教育、医疗、文化、体育等服务领域的对外开放。与此同时，更要加快服务业的对内开放，打破各种隐性壁垒，鼓励民营资本参与包括公共服务业在内的各类服务业发展。另一方面，要尽快消除服务业发展中现存的各种歧视性政策。加快清理相关政策，使服务业平等地使用各类生产要素。

三是着力提高生产性服务业的质量，提高经济运行的整体效率。生产性服务业的质量和效率提高，会加速新技术、新生产模式在产业中的渗透，对提高第一、第二产业的生产率发挥了重要的促进作用。利用电子商务、物流、金融领域的创新发展，降低运行成本，提高生产性服务业的质量。

四是大力发展城市群，增加就业的融合力。推进城市群的发展，是促进区域经济一体化的重要途径。城市群的发展既能扩大就业容量，也能有效促进服务业、制造业在区域间的分工协作，提高经济的发展质量。

五、鼓励新业态、新模式、新技术发展，挖掘新型就业的巨大空间

一是积极有效地支撑电子商务做大做强，扩展新兴产业的就业空间。电子商务的发展创造了大量的新岗位，也催生了大量新的就业形态，如物流仓储管理员、网店客服、"淘女郎"、UI 设计师、职业代拍人和第三方开发队伍等。首先是加快电子商务各类平台建设，为电子商务发展提供全方位、多功能服务。促进电子商务与实体经济、百姓生活深度融合，特别是促进电子商务大数据的深度开发，形成新的增长点。大力促进电子商务向基层、向农村延伸。其次是加快培育电子商务龙头企业，帮助做大做强，加快中小电子商务企业孵化，使中小企业和个人创业者迅速成长。最后是完善支撑电子商务发展的支撑体系，主要是加强商务物流配送能力建设和金融服务。

二是适应就业形式的创新需要，大力鼓励"零工经济"发展。"零工经济"正在成为我国以及全球的一种新就业模式，它的快速发展是新形势下扩大就业、提高就业质量的重要途径。首先是各级政府要适应这一新趋势，积极主动地为"零工经济"发展创造宽松的宏观环境。如搭建有利于"零工经济"发展的公共平台，有序开放公共信息资源，加强和完善信息基础设施。其次是为新型就业发展解决后顾之忧。保障零工者的合法权益，清晰界定平台、零工者以及服务接受方三方各自的权利和责任，特别是要对现有的社会保障体系做相应的改革和调整，减少发展的后顾之忧。

三是进一步优化创新创业环境，使技术创新与就业创新有机结合，形成更强的融合效应。首先是创新体制机制，提高创业的便利化。完善公平竞争市场环境。清理并废除妨碍创业发展的制度和规定，打破地方保护主义，消除不利于创新创业发展的垄断协议和滥用市场支配地位以及其他不正当竞争行为等。加强知识产权保护。健全创业人才培养与流动机制。其次是提高创业服务水平，构建良好的创业生态环境。建设完善创业孵化平台，大力发展创新工场、车库咖啡等新型孵化器，做大做强众创空间，完善创业孵化服务功能。大力发展第三方专业服务。探索创业券、创新券等公共服务新模式。最后是打造创业创新公共平台。加强创业创新信息资源整合，增强创业创新信息透明度。鼓励各类公益讲坛、创业论坛、创业培训等活动。支持各类创业创新大赛。加强和完善中小企业公共服务平台网络建设。

六、着力振兴街道经济，增强传统服务业就业容量

一是做好长期性的城市更新规划，把振兴街道经济放在城市更新规划的最核心地位，使街道经济既保持传统魅力，又焕发生机。要在规整规范街道景观的基础上着力提高街道服务功能的多样化，提高集聚效率。从长计议解决街道停车问题，使城市街道更有利于步行、休闲。建议通过旧城改造、城市空间优化，有计划大量建设停车楼、停车场，着力解决街道乱停车问题。

二是制定保护传统商业特别是小商业的法律法规，扩大便民的中小商业的生存空间。鼓励增加 24 小时店及各种便民店，特别是地方政府要在房租上提供补贴，支持书店、小型公益性博物馆等文化服务业发展。

三是对街道摊贩实行有限制的开放政策。当前，各国对城市街道摊贩治理都体现出了"放任—禁止—开放或有限制地开放"的趋势，一些国家已进入"有限制地开放"的制度化轨道。特别在当前就业压力依然

较大的形势下，应充分借鉴这些国家的城市治理经验，允许城市小商小贩存在。

四是根据历史传统、地理文化优势等，提高城市的"时空"管理水平，大力发展"夜间经济"和特色创意文化市场。

第四章　稳金融：
守住不发生系统性金融风险的底线

中国是世界第二大金融大国。根据中国人民银行的统计，2019 年第三季度末，中国金融业机构总资产为 312.46 万亿元，其中银行业机构总资产为 284.67 万亿元，证券业机构总资产为 7.83 万亿元，保险业机构总资产为 19.96 万亿元。习近平总书记在 2017 年全国金融工作会议上强调，"金融是国家重要的核心竞争力"，"促进经济和金融良性循环、健康发展"。这为新时代中国金融业发展指明了方向。

进入经济新常态后，中国金融在继续支持经济发展的同时，也产生了不少问题。突出的问题包括：经济脱实向虚的势头未能根本逆转，金融业存在自我循环的趋势；金融服务的薄弱地带长期存在，资金供给难以满足需求；处于金融风险高发易发期，既有"黑天鹅"风险，又有"灰犀牛"风险。这些突出问题表明，中国金融在庞大的体量之下，蕴含着各种不稳定因素。如果不进行金融风险防范和金融体制改革，则将无法支撑中国经济未来的高质量发展。稳金融就是要针对金融领域的突出问题，坚持金融回归本源，引导金融资金到实体经济中的薄弱环节和创新环节中去，提高金融服务效率，促进金融业更好地为经济高质量发展服务。

第一节　当前金融总体形势

2018 年以来，全球经济政治格局仍处于深度调整过程中，中国经济金融发展面临的外部挑战明显增多。2018 年 7 月 30 日，中共中央政治局会议上提出"六稳"，把"稳金融"作为其中一项工作，提到了重要的议事日程上。"稳金融"包括两层含义：一是金融自身要稳，面对金融开放可能带来的新挑战、新问题，金融业需要提早应对，未雨绸缪，重视防范化解金融内部风险，密切关注金融风险的传导机制，避免风险自我强化，防止出现系统性金融风险。二是金融要更好地为实体经济服务。金融自身稳是不够的，还要保证有活力、有效率，能够更好地为实体经济服务。

2019 年 11 月，中国人民银行发布的《中国金融稳定报告（2019）》指出，受内外部多重因素影响，中国经济中一些长期积累的深层次矛盾逐渐暴露，金融风险易发高发，经济增长面临的困难增多。从国际看，世界经济增速"见顶回落"的可能性增加，全球范围内的单边主义和贸易保护主义情绪加剧，金融市场对贸易局势高度敏感，全球流动性状况的不确定性上升。从国内看，金融风险正在呈现一些新的特点和演进趋势，重点机构和各类非法金融活动的增量风险得到有效控制，但存量风险仍需进一步化解，金融市场对外部冲击高度敏感，市场异常波动风险不容忽视。

一、金融不"稳"问题依然严峻

当前中国的金融不稳，直接影响到了中国经济的现状及未来发展。

金融不"稳"主要体现在：

一是防范金融风险的任务依然艰巨。总体来看，我国金融形势是好的，但宏观杠杆率高企，成为滋生金融风险的温床。当前和今后一个时期，我国金融领域尚处在风险易发高发期，在国内外多重因素压力下，风险点多面广，呈现隐蔽性、复杂性、突发性、传染性、危害性等特点，结构失衡问题突出，违法违规乱象丛生，潜在风险和隐患正在积累，脆弱性明显上升，既要防止"黑天鹅"事件发生，也要防止"灰犀牛"风险发生。

按照周小川的划分，当前的金融风险包括：首先是宏观层面的风险，主要指企业部门的高杠杆率、地方政府的高负债、房地产市场泡沫等。其次是微观层面的风险，包括金融机构信用风险、债券市场违约风险等。最后是跨市场跨业态跨区域的影子银行风险和违法犯罪风险，包括互联网金融、金融控股公司、交易所滥设等风险（下面我们着重介绍地方政府债务风险和影子银行风险）。

二是金融与实体经济脱节。一方面，大量中小企业融资难、融资贵问题未得到实质性解决。金融如何能够更好地适应市场的变化，适应创新和创业的需求，也是一个迫切需要解决的问题。另一方面，出现金融自体循环，脱实向虚问题严重。随着中国 2010 年后经济增速放缓，大量资金为追求利润，纷纷涌入虚拟经济领域，其中最重要的是房地产业。中国制造业正面临转型升级，国民经济中的薄弱环节也处于瓶颈状态，却得不到金融的大力支持。

二、地方政府债务风险依然突出

衡量政府债务风险程度，通常用两个指标：一是负债率，即期末政府债务余额与 GDP 之比。这一指标一方面衡量经济规模对债务的承担能力，另一方面也可反映每一单位政府债务产生的 GDP 的多少。就显性债务来说，2018 年中国地方政府债务规模为 18.46 万亿元（人民币，下同），加上中央政府债务 14.96 万亿元，与当年 GDP 之比为 37%。这与财政风险警戒线 60% 相比，还相差甚远。二是债务率，即期末政府债务余额与政府综合财力之比，衡量政府所掌握的财力对债务的承担水平。国际货币基金组织曾经提出过"90%—150%"的安全参考指标，即要使政府财政可持续，此指标最好控制在 90% 的范围内，最多不能超过 150%（也有 120% 的主张）。2018 年年末，中国地方政府债务与地方政府可用财力之比为 77%，显然，也在可控水平上。按照财政部部长在 2019 年"两会"上的说法，地方政府债务风险基本可控，局部地区有所恶化。这里主要指的是显性债务。

虽然，从政府的资产债务看，中国明显低于世界上绝大多数发达国家，但是，这并不意味着地方政府债务风险不值得关注。我国地方政府债务依然存在突出的风险，体现在：

一是地方政府隐性债务和广义负债率偏高。一些研究机构测算我国隐性债务规模，得出不同的结果，基本上在 25 万亿—45 万亿元之间。若按业界人士"隐性债务基本上是显性债务的两倍"的经验观察估计，2018 年年末地方政府显性债务余额（18.46 万亿元）的两倍，则地方政府隐性债务约为 37 万亿元，此数据与多个机构的测算数较为接近。

按照"政府债券＋城投债务"（18.46＋7.78）广口径地计算地方政府显性债务，则 2018 年年末地方政府合计存量债务规模为 26.2 万亿元。如此，则地方政府的债务率达到 144%。如果加上隐性债务，考虑到隐性债务最终对地方政府产生 20% 左右的直接负债（即 7.4 万亿元），则全国地方政府债务率达 184%，已远超"90%—150%"国际货币基金组织的安全参考指标范围了。

二是存在短期偿还风险。因为我国地方政府债务的期限普遍较短，因此近几年存在债务集中到期的情况，还本付息的压力巨大。根据Wind 数据，2018 年地方债务到期规模为 8389 亿元，2019 年将达到 1.31万亿元。2020—2022 年到期年均超过 2 万亿元。这是还本压力。至于付息情况，经测算，全国地方政府广义债务（显性＋隐性）每年应付利息近 4 万亿元。由此可见，考虑还本付息，地方政府显性与隐性债务每年清偿规模 5 万亿—6 万亿元，几乎达到每年地方财政支出规模的三分之一。

我国地方政府显性负债主要表现为债券。地方政府债券的 86% 左右由商业银行持有。因此，在我国地方政府不可能破产的情况下，该风险最终会转移到商业银行，表现为银行金融资产质量的下降。

三、影子银行风险依然存在

中国人民银行在《中国金融稳定报告（2013）》中将影子银行概括为"正规银行体系之外，由具有流动性和信用转换功能，存在引发系统性风险或监管套利可能的机构和业务构成的信用中介体系"。

《中国金融监管报告（2014）》中将中国影子银行体系分成三个层次：

第一个层次为狭义口径影子银行体系，按照以是否接受监管为依据进行界定，主要产品工具包含非金融牌照业务下的小额贷款、融资担保、P2P 网络贷款、无备案私募股权基金、第三方理财及民间借贷。

第二个层次为中等口径影子银行体系，根据银行体系之外的信用中介及活动界定，主要产品工具既包含狭义口径下的影子银行体系，又包含金融牌照业务下的信托、理财、货币市场基金、资产管理、资产证券化、股票融资、债券融资等。

第三个层次为广义口径影子银行体系，以非传统信贷口径界定，既包含中等口径影子银行体系，又包含银行表外非传统信贷业务（银行承兑汇票、信用证、应付代付款项、贷款承诺等）和银行表内非传统信贷业务（标准化及非标准化投资、同业、非生息资产、存放央行款项等）。

当前大部分影子银行业务实际由银行主导发起，具体体现为银行的非传统信贷业务和非银行金融机构（证券、基金、信托、保险资管）的资产管理业务，还有少部分属于其他融资类业务，即融资性担保公司、财务公司、金融租赁公司的融资类业务以及小额贷款公司、P2P 网贷平台的借贷业务。

按照国际评级机构穆迪《中国影子银行季度监测报告》的数据，2016 年中国影子银行规模达到 64.5 万亿元，占当年 GDP 的 87%。随着金融去杠杆的加速，这一规模逐年下降。三年来影子银行规模较历史峰值下降 16 万亿元，但规模仍然偏高，风险依然存在。

四、新冠肺炎疫情短期对金融冲击的风险

新冠肺炎疫情事发突然且蔓延迅速，对我国金融体系薄弱环节与主体带来的冲击不容小觑，由此或引发一些局部性风险，要警惕其向系统性风险转化。

一方面，国内很多行业生产、销售，尤其是 GDP 占比最高且最易受疫情影响的服务业，被按下"暂缓"键，导致企业业务停滞，收入断流，各类租金、利息以及人工成本等刚性支出或给企业现金流带来较大压力，中小企业面临的流动性问题将更为突出，其面临的裁员、破产风险增加。

另一方面，中小企业经营困难风险势必会传递给金融体系，进一步加大金融工具违约概率，加剧信贷供给端结构性矛盾，或引发市场流动性问题；同时中小企业亏损面扩大、破产增加，导致受冲击企业上下游投资意愿趋于下降，或形成恶性循环加速经济恶化。

第二节 金融风险是多种因素叠加共振的必然后果

"金融活，经济活；金融稳，经济稳。"稳金融对于中国国民经济稳定增长，从高速度增长向高质量发展转变，都有着决定性的意义。作为金融不稳主要表现的金融风险高发易发现象，将会对实体经济带来显著的冲击。如地方政府债务风险积累，将带来商业银行资产质量下降，导致商业银行惜贷；影子银行风险加大，将导致经济脱实向虚现象加剧；资本市场监管不完善，将导致其融资能力下降等。

那么，当前为什么会出现大量的金融风险呢？习近平总书记深刻指出："透过现象看本质，当前的金融风险是经济金融周期性因素、结构性因素和体制性因素叠加共振的必然后果。"[①]具体而言，中国金融之所以存在各种风险，主要有以下几方面原因。

一、货币供应的倒逼机制引致金融风险的系统性

在宏观调控上，货币闸门很难真正关紧。在风险酝酿期，行业和地

---

① 《党的十九大报告辅导读本》，人民出版社 2017 年版，第 104 页。

方追求增长的积极性很高，客观上希望放松"银根"，金融活动总体偏活跃，货币和社会融资总量增长偏快容易使市场主体产生错误预期，滋生资产泡沫。当风险积累达到一定程度，金融机构和市场承受力接近临界点，各方又呼吁增加货币供应以救助。宏观调控很难有纠偏的时间窗口。

二、经济下滑带来金融资产质量下降

随着中国经济增速下滑，不少企业出现了销售收入下降、利润下降的情况。一些企业甚至出现严重亏损，巨额债务无法偿还。这导致发放贷款的商业银行不良贷款率上升，债券市场出现企业债券到期无法偿付的情况。中国人民银行统计数据显示，截至 2019 年 11 月末，我国债券市场累计共有 167 家企业、446 只债券发生违约，涉及违约规模 2900.8 亿元。其中，仍处于违约状态的有 125 家企业、368 只债券，涉及违约金额 2429 亿元。这表明，我国债券市场违约已逐步进入常态化阶段。

三、直接投资渠道发育相对滞后，使得金融风险不易分散

尽管中国资本市场发展快速，但中国依然是一个以间接融资渠道为主的金融体系。2018 年，企业通过直接融资渠道获得的资金仅占全部融资额的 20% 左右。尽管直接融资渠道和间接融资渠道各有其优势和劣势，但是间接融资渠道容易带来杠杆率的累积计算。同时由于正规金融体制的严格限制，导致影子银行盛行。这说明，中国还存在不同形式的金融抑制，使得资金的供应和需求未能实现较好的匹配，进而使得风险潜伏。

四、金融监管无法满足金融创新的需求

金融市场体量快速增大以及现代科技的发展，使得金融创新层出不穷。这些创新是全方位的，包括金融产品、金融机构、金融市场的创新。近些年，互联网和金融的结合，产生了大量新事物，给传统的金融监管带来挑战。从互联网金融到区块链、数字货币等，无不是新事物。在发达国家的金融监管中也很难有成熟的经验可以借鉴。在金融监管与金融创新的失衡中，难免会出现种种新的风险。

此外，面对金融创新，金融监管协调机制不完善的问题更加突出。监管定位不准，偏重行业发展，忽视风险防控。"铁路警察，各管一段"的监管方式，导致同类金融业务监管规则不一致，助长监管套利行为。系统重要性金融机构缺少统筹监管，金融控股公司存在监管真空。统计数据和基础设施尚未集中统一，加大了系统性风险研判难度。中央和地方金融监管职能不清晰，一些金融活动游离在金融监管之外。

五、实体经济收益率低和虚拟经济监管滞后，导致经济"脱实向虚"

中国制造业经过数十年快速发展后，进入到艰难持久的转型升级阶段。产能过剩的普遍存在，使得制造业的收益率偏低。再加上中国金融市场总体竞争性不足，占中国金融业绝对比重的商业银行依然存在"垄断租金"。房地产等虚拟经济领域吸引了大量的新增贷款，房屋价格呈现"自我实现"状态。"脱实向虚"导致实体经济"缺血"，易导致国民经济发展不健康、不稳定。

随着中国金融开放的快速推进，稳金融面临着新的巨大挑战。2019年 7 月 20 日，国务院金融稳定发展委员会办公室推出 11 条金融业对外开放措施。其中包括：允许外资机构在华开展信用评级业务时，可以对银行间债券市场和交易所债券市场的所有种类债券评级；鼓励境外金融机构参与设立、投资入股商业银行理财子公司；允许境外资产管理机构与中资银行或保险公司的子公司合资设立由外方控股的理财公司；允许境外金融机构投资设立、参股养老金管理公司；支持外资全资设立或参股货币经纪公司等。2020 年 1 月 15 日，中美达成第一阶段经贸协议，对于中国在银行业、信用评级、保险、不良资产处理等方面的开放有具体的规定。这些开放的内容，部分已经列入中国金融开放的日程，部分也即将定出时间表。

第三节 合力打好稳金融"组合拳"

面对金融业的全面开放新格局，迫切要求中国在稳金融上加大改革魄力，对准金融体系的难点、痛点发力，使改革实践落到实处，合力打好稳金融"组合拳"。在 2017 年全国金融工作会议上，习近平总书记指出，"防止发生系统性金融风险是金融工作的永恒主题。要把主动防范化解系统性金融风险放在更加重要的位置。科学防范，早识别、早预警、早发现、早处置，着力防范化解重点领域风险，着力完善金融安全防线和风险应急处置机制"[1]。习近平总书记还指出："做好金融工作要把握好以下重要原则，第一，回归本源，服从服务于经济社会发展。金融

---

[1] 《习近平谈治国理政》第二卷，外文出版社 2017 年版，第 280 页。

要把为实体经济服务作为出发点和落脚点，全面提升服务效率和水平，把更多金融资源配置到经济社会发展的重点领域和薄弱环节，更好满足人民群众和实体经济多样化的金融需求。"①这奠定了近几年中国金融监管和金融体制改革的主基调。

过去几年里，在国务院金融稳定发展委员会统一指挥、协调下，中国人民银行会同相关部门，按照攻坚战总体要求，针对不同风险分类施策，对威胁金融稳定的重点领域风险，及时"精准拆弹"；对可能持续存在的潜在风险，采取主动措施进行逐步化解，实现"慢撒气、软着陆"；对于体制机制性不足，持续推动监管改革，弥补监管短板；对于将来可能显现的"黑天鹅"和"灰犀牛"风险，强化日常风险监测与评估，做好各类风险处置预案。

总体来看，我国金融风险由前几年的快速积累逐渐转向高位缓释，已经暴露的金融风险正得到有序处置，金融市场平稳运行，金融监管制度进一步完善，守住了不发生系统性金融风险的底线。在防范化解金融风险的同时，还不断推动金融与实体经济更好地结合起来，坚定做好去杠杆工作，把握好力度和节奏，协调好各项政策出台时机。通过机制创新，提高金融服务实体经济的能力和意愿。

2020 年 1 月召开的中国人民银行工作会议上，确定了中国人民银行 2020 年的七大重点工作领域，包括保持稳健的货币政策灵活适度、坚决打赢防范化解重大金融风险攻坚战、加大金融供给侧结构性改革力度、加快完善宏观审慎管理框架、继续深化金融改革开放、加强金融科技研发和应用、全面提高金融服务和金融管理水平等。其中，与稳金融最为密切相关的是防范金融风险和改革金融体制等。

----

① 《习近平谈治国理政》第二卷，外文出版社 2017 年版，第 278—279 页。

一、化解地方政府债务风险

中国地方政府债务风险产生的原因是多方面的，其中最主要的原因，是地方政府财权与事权存在严重偏差。城镇化需要大量资金，但地方政府财力有限。据测算，每个农民的城镇化成本约 15 万元，每年新增就业 1000 多万人，就需要超过 1.5 万亿元的投入。而绝大多数地方财政都是吃饭财政，根本没有进行基础设施建设和公共服务的资金。这只能从金融市场上筹集。中国的预算法从 2014 年修订以来，才确定了"开前门，关后门"的发债融资渠道。

另一个不可忽视的原因，是中国地方经济发展的冲动与预算软约束之间的共同作用。中国经济增长的巨大驱动力之一，是地方政府之间的竞争。各地方政府存在强烈的发展冲动，有大量的资金需求。但中国财政和金融体制中的预算软约束一直存在。在财政上，存在"会哭的孩子有奶吃"的现象；在金融上，国有商业银行在商业银行中占主体，它们倾向于把资金贷给地方政府，认为比较安全。所以，地方政府债务规模扩张很快，在一定程度上形成了债务倒逼的态势。

中央政府很早就开始关注地方政府债务风险。2014 年 8 月，《中华人民共和国预算法》修订，并于 2015 年 1 月 1 日起施行。主要内容是：经国务院批准的省、自治区、直辖市的预算中必需的建设投资的部分资金可以在国务院确定的限额内，通过发行地方政府债券举借债务的方式筹集。地方政府债券只能用于偿还当前债务或指定的公共服务和部门的债务；地方政府债券必须纳入地方财政预算；地方政府及其所属部门不得为任何单位和个人的债务以任何方式提供担保。自此，我国地方政府债务管理实行了"开前门，关后门"的方式。开前门有助于地方政府通过透明、规范的债券发行形式获得发展的资金，关后门有助于地方政府减少不合规的债务。

2014 年 9 月，国务院发布《国务院关于加强地方政府性债务管理的意见》。主要内容是：对地方政府性债务实行规模控制和预算管理，赋予地方政府依法适度举债权限，分为一般债券融资和专项债券融资。明确政府和企业责任，政府债务不得通过企业举借，企业债务不得推给政府偿还。剥离融资平台公司政府融资功能，融资平台公司不得新增政府债务。推广使用政府和社会资本合作模式。该文旨在剥离平台的政府信用，防范区域性和系统性风险。文中明确规定，政府债务的融资渠道仅限于政府债、债券、政府和社会资本合作模式以及合规的或有债务。这是对"开前门，关后门"政策的进一步完善。

地方政府债务风险监管的另一项重要工作是"清存量、禁增量"，即对于地方政府隐性债务存量进行全面清理，各地必须制定期限明确、责任明确、操作可行的化解存量债务方案，并接受审计部门的审计通过；今后各级地方政府则不得再以各种方式产生新的隐性债务。为此，有关部门还发布了网上登记工具，以期对各地所有融资平台从事的融资开发项目进行实时监测。这些体现在 2017 年以来的一系列文件中。2018 年 8 月，国办印发《中共中央 国务院关于防范化解地方政府隐性债务风险的意见》《国务院关于推进中央与地方财政事权和支出责任划分改革的指导意见》，对推进中央与地方财政事权和支出责任划分改革作出总体部署。2018 年 8 月，财政部印发《地方政府隐性债务问责办法》，对化解隐性债务以及相应的问责措施进行了进一步规范。

二、化解影子银行风险

我国影子银行风险产生的原因主要有两个方面：一是存在监管套

利。资金不断地在不同的监管制度之间寻找套利机会。尽管监管部门对于存在风险点的业务会出台相应的监管政策加以规范和整顿，但只要套利空间存在就会有新的影子银行形式兴起，影子银行发展演变仍不改变监管套利的本质。二是影子银行可以弥补正规金融体系的不足。和美国等国家相比，我国的影子银行更多地表现为"银行的影子"，即商业银行通过理财、同业业务进行表外信用扩张，为影子银行资金提供了隐性担保；非银行金融机构则处于附属地位，主要以资产管理计划、信托产品等形式充当通道，与商业银行间的资金和业务关联密切。2017年上半年，监管政策着力于化解金融风险，对银行理财、同业、资产管理等业务中存在的资金套利、空转等市场乱象进行了集中整治，并对银行业以及影子银行的风险防控、监管改革等提出了原则性、方向性的指导意见。2017年下半年之后，针对理财、资产管理、委托贷款等业务的实质性监管措施相继出台。2018年4月，中国人民银行、中国银保监会、中国证监会、国家外汇局联合发布《关于规范金融机构资产管理业务的指导意见》；2018年9月，银保监会发布《商业银行理财业务监督管理办法》；2018年12月，银保监会发布《商业银行理财子公司管理办法》。针对影子银行突出风险的金融监管措施概括如下。

第一，通过集中整治，防范化解流动性风险。2017年3—4月，原银监会对银行业集中开展对"三违反、三套利、四不当"市场乱象的整治行动。资产新规对期限错配进行了明确限制，如规定封闭式理财产品期限不短于90天，并对公募和私募产品提出杠杆率要求。此外，资产新规还提出根据业务实质采取穿透式监管，对多层嵌套结构进行了明确限制。

第二，打破刚性兑付，建立风险隔离机制。刚性兑付的存在，不仅使商业银行主体过度承担风险，也不利于投资者培养风险意识。资管新规打破了刚性兑付，明确金融机构不得承诺保本保收益的产品，引导资产管理行业逐渐回归"代客理财"本质。

第三，建立统一全面的监管体系，增强信息透明度。"一委（金融稳定委员会）一行（中国人民银行）两会（中国证监会和中国银保监会）"的监管框架为统一监管提供了制度保障。资管新规确立了统一的监管标准，有助于不同监管主体间协调配合和信息共享，实施穿透式监管，增强监管有效性。2017 年以来，宏观审慎监管（MPA）考核将表外理财、同业负债纳入监管范围，促进对影子银行体系的全面监管。此外，资管新规、理财新规等均明确了金融机构的信息披露义务，增强了信息透明度，降低了影子银行风险的不可控性。

随着去杠杆监管政策的陆续出台，中国影子银行风险逐渐得到控制，总体规模也得到有效控制。根据穆迪统计，2016 年中国影子银行规模达到 64.5 万亿元，2017 年缓慢上升至 65.6 万亿元。2018 年影子银行大幅收缩，规模为 61.3 万亿元，同比减少了 4.3 万亿元。此外，影子银行结构得到调整，高风险产品和业务得到限制。未来影子银行的发展在监管框架下将更加规范化、透明化。

三、促进资本市场改革

在 2019 年中央经济工作会议上，习近平总书记强调："要加快金融体制改革，完善资本市场基础制度，提高上市公司质量，健全退出机制，稳步推进创业板和新三板改革。"①这成为未来几年中国资本市场改革的主要任务。

---

① 习近平：《在中央经济工作会议上的讲话》，《人民日报》2019 年 12 月 13 日。

（一）完善资本市场基础制度

2019 年 12 月 28 日，第十三届全国人大常委会第十五次会议审议通过了修订后的《中华人民共和国证券法》（以下简称《新证券法》），并于 2020 年 3 月 1 日起施行。本次证券法修订，在注册制、提高证券违法违规成本、完善投资者保护制度等多个方面作出了一系列新的制度改革完善。

一是全面推行注册制。《新证券法》按照全面推行注册制的基本定位，对证券发行制度做了系统的修改和完善，充分体现了注册制改革的决心与方向。同时，考虑到注册制改革是一个渐进的过程，《新证券法》也授权国务院对证券发行注册制的具体范围、实施步骤进行规定，为有关板块和证券品种分步实施注册制留出了必要的法律空间。

二是提高违法成本。《新证券法》大幅提高对证券违法行为的处罚力度，增加了"法律责任"一章，罚款金额大幅度提高。

三是加强投资者保护。《新证券法》新增"投资者保护"章节，进一步具体完善投资者保护制度。区分普通投资者和专业投资者，更有针对性地作出投资者权益保护安排。此外，《新证券法》还建立上市公司股东权利代为行使征集制度、规定债券持有人会议和债券受托管理人制度、建立普通投资者与证券公司纠纷的强制调解制度、完善上市公司现金分红制度。《新证券法》还探索了适应我国国情的证券民事诉讼制度。

四是强化信息披露。《新证券法》扩大了信息披露义务人的范围，上市公司、公司债券上市交易的公司、股票在国务院批准的其他全国性证券交易场所交易的公司，应当按照国务院证券监督管理机构和证券交易场所规定的内容、格式编制定期报告。

五是强化监管执法。《新证券法》明确了证监会依法监测并防范、处置证券市场风险的职责；延长了证监会在执法中对违法资金、证券冻结、查封期限；规定了证监会为防范市场风险、维护市场秩序采取监管措施的制度；增加了行政和解制度，证券市场诚信档案制度。

（二）健全市场退出机制

上市公司退市制度是资本市场实现优胜劣汰、优化资源配置的重要运行机制，也是出清市场风险、净化市场环境的基础性安排。与成熟资本市场相比，A股退市率长期偏低，资本市场出口不畅，阻碍上市公司质量提高。据中信证券研究部统计，我国2010—2018年的年均退市公司仅有3.9家，而同期平均每年上市的公司数量高达211家。与此相比，美国纽交所和纳斯达克交易所的年均退市率分别为6%和12%，退市公司数量与上市公司数量大体相当，上市公司总数保持稳定。

近年来，A股市场的退市制度持续完善。2014年10月，证监会发布《关于改革完善并严格实施上市公司退市制度的若干意见》，实施重大违法公司强制退市制度。2018年7月，证监会发布《关于修改〈关于改革完善并严格实施上市公司退市制度的若干意见〉的决定》，进一步完善重大违法强制退市情形有关规定，强化交易所的退市制度实施主体责任。上交所、深交所于2018年11月发布了《上市公司重大违法强制退市实施办法》，进一步明确并完善重大违法强制退市的实施标准和程序。未来将形成多元化退市制度，既包括强制退市，也包括主动退市，还包括吸收合并、出清式资产置换、卖壳等重组退市方式，逐步与美国等发达资本市场趋同。

在退市常态化改革中，还需建立健全严格的投资者保护机制。通过设置周密有效的投资者保护机制，完善配套法律制度，可以最大限度地维护投资者权益。从长远来看，将扰乱市场秩序、业绩指标持续恶化的公司清出市场，这才是维护投资者权益的治本之策。

（三）推进创业板和新三板改革

当前，创业板集聚了一批具有影响力、竞争力的新兴产业公司，在支持双创企业群体、优化创业创新生态、引领产业升级转型、加速新旧动能转换等方面发挥着日益重要的作用，成为新时代推动经济高质量发展的创新引擎。截至 2019 年 9 月 30 日，创业板公司数量已从 10 年前刚设立时的 28 家增加到 773 家，总市值达 5.68 万亿元。

2019 年 8 月，《中共中央 国务院关于支持深圳建设中国特色社会主义先行示范区的意见》提出，要研究完善创业板发行上市、再融资和并购重组制度，创造条件推动注册制改革。2019 年 10 月 18 日晚，证监会《关于修改〈上市公司重大资产重组管理办法〉的决定》正式发布。该决定取消了重组上市认定标准中的"净利润"指标，并缩短"累计首次原则"计算期间至 36 个月，同时允许战略性新兴行业及高新企业通过重组上市方式进入创业板，恢复重组上市配套融资。未来，创业板将适度降低 IPO 门槛、结合收入指标增加市值指标，支持创业企业借助资本市场发展；应放开 IPO 发行定价约束，实行市场化定价。

四、促进金融服务实体经济

2017 年 7 月中央金融工作会议上，习近平总书记指出做好金融工作，要回归本源，服从服务于经济社会发展。金融要把为实体经济服务作为出发点和落脚点，全面提升服务效率和水平，把更多金融资源配置到经济社会发展的重点领域和薄弱环节，更好满足人民群众和实体经济多样化的金融需求。这奠定了近几年中国金融监管和金融体制改革的主基调。

金融和实体经济是共生共荣的关系，服务实体经济是金融立业之本，也是防范金融风险的根本举措。当下，在服务实体经济上，金融业应主攻两大领域。

一是弥补金融短板，支持经济可持续发展。要大力发展普惠金融、绿色金融、消费金融，增强经济发展的包容性和可持续性。建立支持服务民营企业发展长效机制。通过优化授信政策、加强资源配置、拓宽融资渠道、完善服务模式等手段，不断提高服务中小企业和民营经济的水平。2020年1月7日，国务院金融稳定发展委员会会议指出，今后要出台解决中小企业融资难融资贵的系统措施，包括：疏通货币政策传导机制，综合运用多种货币信贷政策工具，实行差异化监管安排，完善考核评价机制，对金融机构履行好中小企业金融服务主体责任形成有效激励。要深化金融供给侧结构性改革，健全具有高度适应性、竞争力、普惠性的现代金融体系。要多渠道补充中小银行资本金，促进提高对中小企业信贷投放能力。继续完善政府性融资担保体系，加快涉企信用信息平台建设，拓宽优质中小企业直接融资渠道，切实缓解中小企业融资面临的实际问题。

二是鼓励金融创新，培育新经济增长点。金融业应积极支持有利于促进新一轮全球经济发展的创新型行业、代表未来产业升级方向的高科技产业，积极探索产融合作的新模式，不断提升服务效率。推动金融科技发展，开展产品服务创新。移动互联网、大数据、云计算、人工智能等技术的发展，在深刻重塑实体经济发展的同时，也将改变金融产品和服务的形态、场所、方式和物理布局。金融机构必须把握金融数字化发展的未来方向，有效利用金融科技，大力开展金融创新。

第五章　稳外贸：
有效应对外部新挑战的重大举措

中国经济发展走的是开放型经济的道路。对外贸易是中国开放型经济体系的重要组成部分，一直为中国经济的发展提供强大助力。当今世界面临百年未有之大变局，国内外贸易环境均发生了新的重大变化，尤其是在中美贸易摩擦升级以后，中国乃至全球贸易面临新的挑战。2019年7月30日，中共中央再次强调要有效应对经贸摩擦，全面做好"六稳"工作。"六稳"当中，稳外贸是热点也是关键。一方面，外贸一直是拉动中国经济增长的"三驾马车"之一；另一方面，需要控制中美贸易摩擦对中国外贸造成的影响。

第一节　当前外贸总体形势

目前，中国已是世界第一大货物贸易国。下一步，中国的目标是从贸易大国升级为贸易强国。建设贸易强国是中国和平发展的重要环节，是中国实现"两个一百年"奋斗目标的重要保障，也是中华民族走向复兴的必由之路。

一、中国对外贸易发展的主要成就

改革开放以来，中国紧紧抓住全球产业转移和全球贸易快速发展的历史机遇，利用中国要素成本低的比较优势，承接产业转移，发展加工贸易。2001 年加入世界贸易组织后，中国继续优化贸易结构，实现对外贸易的飞跃式发展，迅速成为全球第一的贸易大国，创造了令世界称奇的巨大成就。

（一）货物贸易方面

货物贸易是中国对外贸易的重要组成部分。改革开放以前，中国的货物贸易主要在政府计划安排下进行，进出口水平一直比较低。改革开放以后，中国的货物贸易快速发展，进出口总额由 1978 年的 206.4 亿美元增至 2019 年的 4.6 万亿美元，增长了近 221 倍，中国进出口占国际市场的份额从不足 1% 提高到近 12%。其中，出口从 97.5 亿美元扩大到 2.5 万亿美元，增长了近 255 倍；进口从 108.9 亿美元扩大到 2.1 万亿美元，增长了近 191 倍（见图 5-1）。

2009 年，中国首次成为世界第一大货物贸易出口国。

2013 年，中国首次成为世界货物贸易第一大国。

2015 年，中国货物贸易出口额占世界比重高达 13.8%。

2017 年，中国重回货物贸易第一大国，出口额占世界比重的 12.8%。

2009—2019 年，中国连续 11 年保持全球货物贸易第一大出口国和第二大进口国地位。

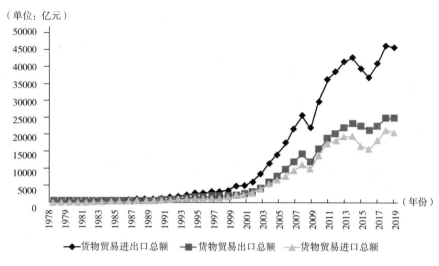

（单位：亿元）

图 5-1　1978—2019 年中国货物贸易进出口情况

资料来源：商务部商务数据中心。

（二）服务贸易方面

服务贸易也是中国对外贸易的重要组成部分。改革开放以前，中国的服务进出口很少，仅有少量对外援建和入境旅游。经过四十多年的改革开放，服务贸易得到快速发展。1982—2018 年，服务进出口总额从 46.9 亿美元提高到 7919 亿美元，增长了近 168 倍。2018 年，中国服务贸易进出口额占对外贸易总额的比重为 14.6%，服务贸易日益成为对外贸易发展的新引擎。随着服务贸易进出口额的快速增长，2013 年，中国服务进出口位居世界第三，进口超过德国，居世界第二。2014—2018 年，中国连续 5 年位居世界第二大服务进出口国，仅次于美国（见图 5-2）。

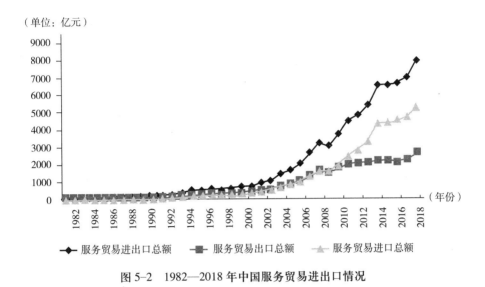

（单位：亿元）

图 5-2 1982—2018 年中国服务贸易进出口情况

资料来源：商务部商务数据中心。

二、2019 年中国对外贸易的主要形势

2019 年，中国对外贸易形势复杂严峻，国内外均面临较多挑战。在以习近平同志为核心的党中央坚强领导下，中国主动扩大进口，推进贸易高质量发展，中国的对外贸易在逆境中继续保持稳定增长。

（一）货物贸易方面

2019 年，中国货物贸易进出口总体稳定，贸易结构不断优化，贸易质量持续提高，稳中向好的态势继续巩固，有力推动了中国国民经济的进一步发展，为全球贸易的复苏作出了中国贡献。

一是进出口总体规模基本保持稳定。2019 年第一季度货物贸易进出口额为 7.0 万亿元，第二、三、四季度逐步上升，分别达到 7.7

万亿元、8.3 万亿元和 8.6 万亿元。截至 2019 年 12 月，货物贸易进出口总额达 31.5 万亿元，同比增长 3.4%。其中，出口 17.2 万亿元，增长 5.0%；进口 14.3 万亿元，增长 1.9%；顺差 2.9 万亿元，增长 25.4%（见图 5-3）。

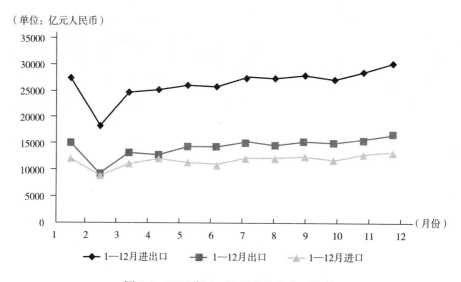

（单位：亿元人民币）

图 5-3 2019 年 1—12 月货物进出口情况

资料来源：海关总署网站。

从国际市场看，2019 年，中国的第一大贸易伙伴仍然是欧盟，东盟超过美国成为中国第二大贸易伙伴，美国第三。在巩固传统市场的同时，中国对新兴市场和发展中经济体进出口保持较快增长，其中对"一带一路"沿线国家和地区进出口增长更加显著，高达 10.8%，较整体增速高出近 7 个百分点，占中国对全球贸易比重的近三成。

从经营主体看，民营企业、外资企业上升，国有企业下降。2019 年，民营企业进出口 13.5 万亿元，占货物贸易进出口的比重由 2018 年的 39.6% 提高至 42.7%，超过外资成为进出口第一大经营主体。外商投资企业进出口 12.6 万亿元，占 39.9%，依然是中国进出口的骨干力量。国有企业进出口 5.3 万亿元，占比下降至 16.9%。

从贸易方式看，一般贸易上升，加工贸易下降。2019 年，一般贸易进出口 18.6 万亿元，增长 5.6%，占比由 2018 年的 57.8% 提高到 59%。其中，出口 10.0 万亿元，增长 7.8%；进口 8.7 万亿元，增长 3.1%。加工贸易进出口 8.0 万亿元，下降 5.1%，占 25.2%。

从商品结构看，2019 年，出口商品主要是机电和劳动密集型产品，出口基本保持稳定。其中，机电产品出口 10.1 万亿元，增长 4.4%，占出口的近六成；纺织、服装、箱包、鞋、玩具、家具、塑料等七大类劳动密集型产品出口 3.3 万亿元，增长 6.1%，占出口的近两成。进口商品主要是机电产品以及原油、铁矿砂、天然气、大豆等大宗商品。2019 年，中国进口原油 5.1 亿吨，增长 9.5%；铁矿砂 10.69 亿吨，增长 0.5%；天然气 1.0 亿吨，增长 6.9%；大豆 0.9 亿吨，增长 0.5%。此外，肉类产品进口增幅较大，2019 年进口猪、牛肉达 210.8 万吨、165.9 万吨，分别增长 75.0% 和 59.7%。

（二）服务贸易方面

2019 年 1—10 月，中国服务贸易进出口基本保持稳定。服务进出口总额为 4.4 万亿元，同比增长 2.6%。其中，出口 1.6 万亿元，同比增长 9.0%；进口 2.9 万亿元，同比下降 0.7%。服务出口增速比进口增速高出近 10 个百分点，服务贸易逆差下降至 1.3 万亿元，比上年同期减少一成（见图 5-4）。

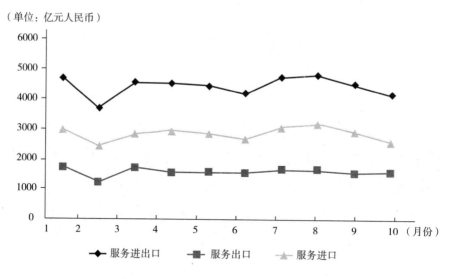

（单位：亿元人民币）

图 5-4　2019 年 1—10 月服务进出口情况

资料来源：商务部网站。

从中国服务贸易的具体领域看，2019 年 1—10 月，旅行进出口额 1.7 万亿元，同比下降 5.8%，占服务进出口总额的 37.2%；运输进出口额 0.8 万亿元，同比增长 3.5%，占服务进出口总额的 19.1%；其他商业服务进出口额 0.7 万亿元，同比增长 9.5%，占 15.4%。此外，维护维修服务、个人文化和娱乐服务、电信计算机和信息服务等增长较快，进出口分别增长 53.9%、27.6%、19.1%。

第二节　外贸为中国发展注入强大动能

对外贸易助力中国经济腾飞，为中国发展注入了强大动能。巩固中国贸易大国的地位，确立建设贸易强国的目标，是中国和平发展的必由之路，也是中国实现可持续发展的必然选择。

一、对外贸易对中国经济发展的重要作用

中国对外贸易长期处于顺差状态，是拉动中国经济增长的最主要动力之一，是推动中国经济保持长期健康稳定发展的主力军。中国推进外贸高质量发展，有利于促进中国经济增长，有利于中国参与全球治理。

（一）增加外汇储备、拉动经济增长

四十多年来，中国货物贸易进出口持续保持顺差，2019 年的货物贸易顺差达到 2.9 万亿元，外汇储备增加 352 亿美元。对外贸易改善了中国的国际收支平衡，还为人民币汇率的平稳作出了贡献。

对外贸易的快速发展加速了中国产业结构的调整以及城镇化的进程，有力拉动了中国经济、社会的发展，带动和扩大了就业，其中外贸直接和间接带动就业人数近 2 亿人，占全国就业总数的两成以上。

（二）助推产业升级、构建工业体系

对外贸易的发展，特别是货物贸易的发展，刺激了相应产业的发展。通过对外贸易，中国参与国际分工，利用国内国外两个市场、两种资源，持续引领并助力国内产业调整结构不断升级。改革开放以来，尤其是在 2001 年加入世界贸易组织之后，中国充分利用全球产业布局调整的重大机遇，利用国外先进的技术、设备和管理经验，通过进口消化吸收，再创新制造出口，大大加快了中国产业的升级，使中国从工业相对落后的发展中国家，迅速成长为世界制造大国。

"经过 70 年的发展，中国已拥有 41 个工业大类、207 个工业中类、666 个工业小类，形成了独立完整的现代工业体系，是全世界唯一拥有联合国产业分类当中全部工业门类的国家……2018 年，中国国家的制

造业增加值占全世界的份额达到了 28% 以上，成为驱动全球工业增长的重要引擎。在世界 500 多种主要工业产品当中，有 220 多种工业产品中国的产量居全球第一。"①

（三）促进双边关系、参与全球治理

对外贸易加强了中国与全球经济的融合。目前，中国已成为全球贸易持续增长的重要推动力量，是世界最大的进口市场之一，是近 50 个国家的第一大贸易伙伴，是 120 多个国家的主要贸易伙伴。中国对外贸易的健康稳定发展既惠及广大中国人民，也惠及世界各国人民。对外贸易成为中国推动双边关系的助推器，对保持与各国的良好关系发挥了积极的作用。

中国与世界各国的贸易往来和利益联系越来越紧密，逐渐形成你中有我、我中有你的利益交融格局。中国的国际地位和影响力也随之大大增强。保持对外贸易的健康稳定发展，坚持合作共赢的政策取向，有利于为全球治理贡献中国方案，有利于为全球治理提供中国力量，有利于推动全球治理体系改革。

二、对外贸易在新时代下遇到的外部挑战

习近平总书记准确把握了中国和世界发展的新形势，并在党的十九大报告中作出"中国特色社会主义进入了新时代"这一重大判断。进入新时代，中国对外贸易的国际环境面临不稳定不确定的新变化，全球的产业链、价值链布局正在发生深刻的调整。中国对外贸易将遭遇更激烈

---

① 《中国经济创下了这些"世界第一"》，中国新闻网，2019 年 9 月 30 日。

的国际竞争和更复杂的外部挑战。

（一）全球经济复苏乏力，金融市场频频波动

国际金融危机造成的深层次影响仍然存在，全球经济深层次矛盾尚未完全解决，仍在进行深刻调整，不论是发达经济体还是新兴经济体均面临众多风险和困难，经济复苏缓慢，市场需求乏力。此外，全球金融市场频频出现动荡，部分国家货币竞争性贬值，大宗商品价格出现较大波动。

（二）世贸组织谈判进入瓶颈，各国寻求区域合作

世贸组织谈判进入多哈回合之后，由于种种体制机制原因，很难达成一致意见，陷入瓶颈。发达国家出于对自身利益的考虑，首先开始寻求区域合作，主导制定新的游戏规则。继发达国家之后，新兴国家也开始抱团取暖寻求相互合作，纷纷签订双边或多边自由贸易协定。世贸组织现有体制机制虽然不能完全应对目前的复杂情况，但其作用仍然重大，不可替代。当前，亟须对世贸组织进行改革。

（三）全球产业重新布局，中国面临双重竞争

随着科技的不断创新，特别是智能制造的进一步发展，全球制造业进入调整期，全球产业分工发生改变，产业链、价值链重新整合。中国面临发达国家、发展中国家的双重竞争。部分高端及中端制造业向发达国家回流，替代了部分跨境贸易和跨国投资。新兴经济体纷纷崛起，部分中低端产业特别是劳动密集型产业面临新兴经济体的直接挑战。

（四）逆全球化浪潮涌现，贸易保护主义抬头

全球不断出现英国脱欧、美国退群等逆全球化的"黑天鹅"事件。特朗普当选美国总统之后，更是高举"美国优先"的大旗，在逆全球化搞单边主义的岔道上愈行愈远。随着逆全球化浪潮的涌现，贸易保护主义抬头，且在全球范围内不断升温，地缘政治变得更加复杂严峻，世界经济的复苏受到了极大的负面影响。

（五）贸易摩擦可能升级，全球贸易或受冲击

随着中国出口的增加，遭遇的贸易摩擦也逐渐增多。中国是美国主要的贸易逆差国之一，中美贸易摩擦不时出现。虽然在 2020 年 1 月，中美两国达成了第一阶段经贸协议，但在未来，中美贸易摩擦依然可能升级，再次爆发贸易冲突。中美贸易是全球贸易的"压舱石"，一旦中美之间产生剧烈的贸易冲突，全球贸易也会受到很大冲击。

三、对外贸易在新时代下遇到的内部挑战

中国的综合国力仍在不断增强，中国经济长期向好的基本面没有改变。但对外贸易所处的国内环境错综复杂。目前中国正处在"十三五"的收官期，处在贸易结构优化、产业提质升级、新旧动力转换、供给侧结构性改革深化的关键时期。对外贸易面临严峻的内部挑战。

（一）生态环境亟须保护，传统竞争优势减弱

一段时期以来，国内部分地区为发展经济，生产对生态环境的破坏已经接近生态环境能够承载的上限，而对生态环境的保护却还未能

完全改变生态环境不断恶化的趋势。与此同时，劳动力、土地、资源等生产要素供求关系趋于紧张，出现劳动力不足、投资下降较快等现象。中国企业低成本的传统外贸竞争优势持续减弱，特别是中国劳动力成本的快速上升，高于多数亚洲国家，对企业出口造成较大不利影响。

（二）东、中、西部差距明显，区域开放协同不足

对外贸易区域布局不平衡，中西部地区的进出口增速虽然高于东部，进出口总量占全国的比重有所提升，但与东部地区相比，在总量上的差距仍然很明显。区域开放协同不足，部分地区吸引外部资源能力较低，生产要素投入较少，部分地区仍在与其他地方争夺资源和市场，恶性竞价无序出口。

（三）外贸转型难度较大，企业难题仍待解决

外贸企业转型升级难度较大。部分行业产能过剩，商品积压严重，企业经济效益下滑。部分企业研发投入较少，企业创新不够，核心竞争力不足。一些深层次问题依然存在，商贸流通成本高效率低、企业融资难融资贵等问题尚待有效解决。

（四）贸易投资互动不强，保障机制需要完善

对外投资转移国内过剩的生产力，促进中国产业链布局的深层次调整，带动商品、技术和劳务的出口，可以有效促进对外贸易的增长。但是当前，对外投资的产业结构和市场布局还不尽合理。对外贸易和对外投资互动性不强，保障对外贸易发展的体制机制尚未跟上新时代的步伐，亟须进一步完善。

（五）突发疫情不确定性较大，短期对进出口产生冲击

随着国内新冠肺炎疫情的发展，北京时间 2020 年 1 月 31 日，世界卫生组织将本次疫情列为"国际关注的突发公共卫生事件"。世界卫生组织虽强调不建议实施旅行和贸易限制，并再次高度肯定中国的防控举措，但是对于进出口贸易无疑是一次巨大考验。疫情本身对我国交通、物流方面的影响，会间接影响到外贸；同时，其他国家会增加对我国出口货物的安全性检测，国内厂商无法开工或延期开工也会影响出口订单等。从时间上看，疫情短期内对进出口会产生一定的抑制作用，但这种影响也仅仅限于疫情期间，疫情结束后将会出现反弹，对 2020 年我国进出口企稳回升态势带来的冲击较为有限。

第三节　努力开创外贸发展新局面

稳外贸必须以习近平新时代中国特色社会主义思想为指导，按照高质量发展的新要求，以供给侧结构性改革为主线，采取新举措，助力企业开拓国际市场，支持企业主动扩大进口，多种贸易方式共同发展，加快培育外贸新业态，推动服务贸易创新发展，不断优化企业经营环境，开创外贸发展新局面。

一、助力企业开拓国际市场

一要促进国际市场布局多元化。稳定与欧盟、美国、日本等传统市场的贸易往来，引导企业继续深耕欧、美、日等发达经济体市场，保持传统市场平稳增长。结合国家自由贸易区战略，充分利用中国已经签订的自由贸易协定所提供的优惠政策和便利措施，扩大与自由贸易协定伙伴国的进出口规模。抓住区域全面经济伙伴关系文本谈判完成的契机，加强与区域全面经济伙伴关系成员国的双边贸易。

二要积极参与"一带一路"建设。利用"一带一路"建设对优化国内布局的促进作用，加强与沿线国家和地区的贸易合作，拓展贸易领域。发挥中欧班列陆路运输的骨干作用，推动中欧班列有序健康发展。大力发展"丝路电商"，支持外贸企业在沿线国家开展电子商务。建设一批综合效益好、带动作用大的重大项目，打造"丝路明珠"。加强"五通"建设，促进贸易投资便利化。

三要引导企业进行品牌建设。引导外贸企业培育自己的品牌产品，促进传统出口产品的品牌化。通过举办重点展会，宣传和推介外贸企业和品牌产品，支持外贸品牌企业开拓国际市场。健全品牌保护机制，查处打击侵犯专利、假冒伪劣等不法行为，支持品牌企业在国外注册商标、申请专利。扩大中国品牌在全球的影响力，提高外国消费者对中国品牌产品的认同感。

二、支持企业主动扩大进口

优化进口商品结构。积极扩大先进技术、重要设备、关键部件的进口，通过进口消化吸收，创新制造出口，推动企业转型升级。稳步扩大中国稀缺的资源性产品和大宗商品的进口。增加关系民生的日用消费品、医药品等商品的进口。扩展肉类产品准入国别，推动猪肉等肉类产品的进口市场多元化。

完善进口促进平台。发挥自由贸易试验区的功能优势，不断扩大进口业务。培育功能完善的进口商品交易中心，结合当地实际，给予政策和资金扶持，促进进口商品交易中心提高质量、扩大规模。打造物流枢纽，建设进口商品聚集区和要素流动平台。

确保进博会越办越好。贯彻落实习近平总书记的指示精神，进口博览会不仅要年年办下去，而且要办出水平、办出成效、越办越好。传统外贸企业可抓住中国举办进口博览会的机遇，寻找国外的合作伙伴，实现企业转型发展。

三、多种贸易方式共同发展

要稳定一般贸易增长。一般贸易是中国对外贸易的主要形式，支持企业做强一般贸易，提升商品议价能力，提高贸易规模，进一步增加企业收益。

要引导加工贸易升级。加工贸易链接产业链的上下游，鼓励企业向两端延伸，拉长价值链。完善财税、金融、土地等政策措施，营造良好的经营环境，引导加工贸易从东部地区向中、西部地区转移。

要支持边境贸易创新。边境贸易直接关系边境地区经济发展和边疆稳定。给予边境地区财税支持，提振边贸企业的信心，鼓励边民互市多元化发展，完善边境贸易转移支付支持，支持边境贸易创新转型。

四、加快培育外贸新型业态

一是支持跨境电商快速发展。完善跨境电商零售出口管理模式，优化通关流程和海关监管模式，扩大跨境电商零售进口试点范围。推进跨境电商综合试验区企业建设海外仓，支持跨境电商平台扩大服务规模。支持跨境电商新业态与传统业态的公平竞争，为跨境电商的快速发展营造良好的外部环境。

二是推进市场采购贸易试点。为市场采购贸易试点营造良好的环境，分批次推进市场采购贸易试点，通过制度创新、管理创新、服务创新和协同发展，探索形成适合市场采购贸易方式的管理方法，为推动对外贸易的创新发展提供可复制、可推广的经验。

三是培育外贸综合服务企业。重点培育一批发展规范、服务能力较强的外贸综合服务企业，打造成为外贸综合服务的标杆企业，在创新监管等方面先行先试。加强业务指导，督促外贸综合服务企业不断提升自身风险防控水平。创新金融支持手段，支持符合条件的综合服务企业上市融资。

五、推动服务贸易创新发展

一是完善服务贸易促进体系。加大财税、金融等部门对服务贸易重点领域的政策扶持，优化服务贸易结构。促进服务领域企业主动融合大数据、云计算等新技术，增强企业创新动力。巩固提升传统产业，培育引导新兴产业，壮大特色产业，打牢服务贸易的基础。

二是促进服务贸易规模提升。进一步扩大旅游、运输等传统服务行业的贸易规模。积极拓展服务贸易的新市场，大力发展研发、技术、专业管理、咨询、金融、保险、加工、电信、计算机和信息服务等生产服务，提升个人文化和娱乐服务。促进服务领域企业扩大出口，逐渐缩窄服务贸易逆差，推动服务贸易平衡发展。

三是加快服务外包提挡升级。依托 5G 技术，推动工业互联网创新与融合应用，培育一批数字化制造外包平台，打造数字服务出口集聚区。依托服务贸易创新发展试点地区和国家服务外包示范城市，建设一

批数字服务出口基地。引导社会资本对服务外包产业进行投资。

六、不断优化企业经营环境

一是提升贸易便利化水平。做好《贸易便利化协定》4条B类措施的全面落实工作。加强电子口岸建设，全面实施货物进出口行政许可无纸化。继续推动国际贸易"单一窗口"建设。完善进出口环节收费的正面清单，进一步清理或降低进出口环节收费，减少企业通关时间，降低企业运营成本。

二是加大金融财税支持力度。支持金融机构开展金融创新，鼓励外贸企业扩大出口，加大对有订单的外贸企业的融资支持力度，推出更多金融服务，缓解中小企业融资难融资贵的问题。加强信用保险的支持力度，强化信用保险的保障作用，扩大出口信用保险的覆盖面。进一步加快出口退税速度，缩短退税时间。

三是加强贸易摩擦应对工作。政府积极参与重大贸易救济案件的谈判和交涉工作，支持企业积极应对反倾销、反补贴等调查。加强对商品进出口的监测和分析，完善贸易摩擦的预警体系，帮助外贸企业做好事前防范工作。

四是加快自贸试验区建设。支持自贸试验区加快开放，研究放宽服务业开放的市场准入举措。实施新版自贸试验区外商投资准入负面清单。增强自贸试验区对周边城市和地区的示范带动作用。推进海南自贸试验区建设，打造开放层次更高的改革开放新高地。

第六章　稳外资：
深化对外开放的重要标志

以开放促改革、促发展、促创新，是我国改革开放的成功经验，也是中国特色社会主义建设不断取得新成就的重要法宝。其中，外资在我国经济发展中发挥了独特而重要的作用，对我国经济结构转型升级、优化外贸结构、平衡国际收支、扩大就业都作出了重要贡献。据商务部统计，2018 年，我国吸收外资 1383 亿美元，居全球第二位。2019 年，全国新设立外商投资企业 40888 家，实际使用外资 9415 亿元，同比增长5.81%。党中央、国务院高度重视利用外资工作。习近平总书记在多个场合发表重要讲话，强调中国将进一步扩大外资市场准入，形成全面开放新格局。李克强总理多次表示，中国将采取一系列措施加大吸引外资力度。

当前，我国利用外资面临的内外环境发生深刻变化。就国内经济环境而言：国民经济正从高增长阶段转向高质量发展阶段；产业结构升级替代了工业化加速扩张；高企的要素成本替代了廉价的生产要素；从政策性引资为主向制度性引资为主转变。就国际经济环境而言：逆全球化倾向替代了经济全球化加速发展；发达国家制造业大规模外移转变为谋求制造业回流；国际经济格局加速重构，一些国家谋求变革国际经贸规则，建立高水平的贸易投资自由化、便利化规则体系。国际经贸规则变迁将深刻影响国际投资行为和我国吸收外商直接投资活动，使美国从乐见我国改革开放发展转变为谋求遏制中国发展，发动"经贸战"。

2018 年，中共中央政治局会议上提出"六稳"，把"稳外资"作为其中一项重要内容。稳外资的内涵包括稳定外资规模、提升外资质量两方面内容。当前，我国处于滚石上山、爬坡过坎的经济发展攻坚时期，稳外资是促进中国经济高质量发展的必要之举，而中国强大、开放、繁荣的市场也需要通过引进外资参与国内市场竞争，来增强国内市场和企业竞争力，提升我国经济效率和质量。稳外资，一方面要靠深化改革，推动国家治理体系和治理能力现代化，营造市场化、法治化、国际化营商环境，让外资企业"想进来"；另一方面要靠扩大开放，继续缩减外商投资负面清单，特别是在外资有优势、国内有需求的生产性服务业和生活性服务业领域扩大市场准入，让外资企业"能进来"。

第一节　当前利用外资总体形势

联合国贸易和发展会议（贸发会议）发布的最新一期《全球投资趋势监测报告》显示，全球跨国直接投资总规模连续 4 年下降，2019 年跌至国际金融危机之后的最低水平，至 1.39 万亿美元，其中，2019 年流入发达国家的外资仍处于历史低位，下降 6%，为 6430 亿美元；而流入发展中经济体的外资保持稳定，约为 6950 亿美元。在这样的大背景下，中国利用外资继续稳步增长，吸收外资达 1400 亿美元，约占全球吸引外资总量的 10.5%，继续成为全球第二大外资流入国。同时，2019 年我国在促进外资方面形成了"组合拳"，有力提振了外国投资者对华投资信心。

一、当前我国利用外资的整体情况

在目前全球贸易投资整体低迷的背景下，我国外资利用稳中有进、规模平稳、大项目多，且投资结构进一步优化，主要有以下几点。

一是吸引外资的规模保持了平稳增长。2019 年 1—10 月，全国新设外商投资企业 33407 家，实际使用外资 7524.1 亿元人民币，同比增长 6.6%。10 月份当月实际使用外资 692 亿元，增长 7.4%，说明外国投资者对华投资保持了较好的信心和预期。

二是新设企业减少，外资大项目增多，2019 年 1—10 月，5000 万美元以上的大项目有 1300 多个，同比增长了 5.4%。巴斯夫、埃克森美孚、特斯拉、陶氏杜邦等百亿以上级别的大项目加快落地。2019 年 9 月 16 日上海举行"外资项目集中签约仪式"，42 个外资项目完成签约，投资总额共约 77 亿美元，其中，超过 1 亿美元的大项目就有 15 个，涉及智能制造、生物医药、化工、集成电路、新能源、新材料、商贸、金融等多个领域。

三是利用外资产业结构和区域布局进一步优化。在经济新常态的背景下，我国利用外资的目标从"重规模"逐步转向"重质量"和"重效率"。2019 年 1—10 月，服务业、高技术产业吸收外资较快增长，服务业实际使用外资 5383.5 亿元，增长 13.5%。高技术产业实际使用外资 2224.8 亿元，增长 39.5%，占比达 29.6%。高技术制造业实际使用外资 786.9 亿元，增长 5.5%。高技术服务业实际使用外资 1438 亿元，增长 69.3%。长江经济带、自贸试验区吸收外资明显增长，2019 年 1—10 月，东、中、西部地区实际使用外资同比分别增长 6.8%、6% 和 5.2%。长江经济带实际使用外资 3683 亿元，增长 8%，占全国比重达 49%。自贸试验区实际使用外资 1083.9 亿元，同比增长 23.9%，占比达 14.4%。

四是利用外资来源渠道逐渐多元化。近年来，主要投资来源地实际投资增长态势良好，越来越多的国家愿意加入对华投资大军中，外商投资主体呈现多元化，从外资来源分布上看，亚洲地区是中国吸引外资的主要来源地，其次是欧洲和北美地区。2019年1—10月，亚洲地区和"一带一路"沿线国家和地区投资大幅增长，新加坡、韩国投资同比分别增长31.7%、23.9%，"一带一路"沿线国家和地区、东盟实际投资额分别增长19.3%和22.1%。

二、当前稳外资的主要工作

一是着力完善外资法律体系。出台《外商投资法》和《中华人民共和国外商投资法实施条例》（以下简称《外商投资法实施条例》）并于2020年1月1日开始实施，取代"外资三法"，成为外商投资领域的基础性法律。该法律重点是确立外商投资准入、促进、保护、管理等方面的基本制度框架和规则，涵盖技术转让、知识产权保护等广泛领域，这个具有浓厚中国特色的制度将为外商投资提供强有力的保障，标志着中国由商品和要素流动型开放向规则等制度型开放转变迈出了坚实一步，同时也为国际外商投资保护设立新的标杆。出台《优化营商环境条例》，并于2020年1月1日开始实施，建立健全外商投资信息报告等制度，努力打造法治化营商环境。

二是着力推出稳外资政策措施。国务院2019年10月30日公布了《国务院关于进一步做好利用外资工作的意见》，从四个方面提出了20条57项具体的政策措施，主要包括：深化对外开放4条13项措施；加大投资促进力度5条10项措施；深化投资便利化改革3条10项措施；保护外商投资合法权益8条24项措施。与以往文件相比，该意见主要有三个特点：政策措施更加全面深入；对外商投资企业国民待遇的保障力度进一步加大；着眼于增强外商投资企业的获得感，对前3份文件的部分政策措施进行了深化、细化。

三是着力推进对外开放。发布了2019年版全国和自贸试验区外商投资负面清单，自2013年以来外资准入负面清单经过5次修订，此次修订进一步缩减了"负面清单"的长度，其中全国版"负面清单"由48条减至40条，自贸区版"负面清单"由45条减至37条。目前，我国正争取全面取消外资准入负面清单外的限制。

四是着力引导外资投向。发布《鼓励外商投资产业目录(2019年版)》，总条目达1108条，与2017年版相比增加121条、修改210条，引导外资投向现代农业、先进制造、现代服务业等领域，以及中西部地区。

五是着力强化投资平台功能。国务院批复山东等6个省、自治区、直辖市设立自贸试验区，增设上海自贸试验区临港新片区，我国已形成"1+3+7+1+6"自贸试验区新格局。未来自贸区建设有望实现由点到线再到面的逐步推进，成为吸引外资的重要引擎。2019年5月，国务院印发了《国务院关于推进国家级经济技术开发区创新提升打造改革开放新高地的意见》，从提升开放型经济质量、赋予更大改革自主权、打造现代产业体系、完善对内对外合作平台功能、加强要素保障和资源集约利用等5个方面提出了22条具体政策措施。

六是着力提升投资促进水平。指导各地完善外商投资促进服务体系，建立外商投资企业跟踪服务机制，开展"跨国公司西部行"活动，开展多双边投资促进活动等。特别是我国连续两届成功举办了中国国际进口博览会，对于引进外资产生了明显的投资溢出效应，参展的国家不仅推广产品，还宣介当地的投资环境；地方政府不仅组织采购产品、引进技术，还借助进口博览会举办各类招商引资活动，参展的外国企业将进博会作为深入了解中国市场、寻找在华投资机遇的重要平台。例如，首届进博会后，苹果、迪卡侬、埃森哲等世界 500 强和行业龙头企业在中国设立了地区总部或研发中心。第二届进博会期间，跨国药企阿斯利康宣布将上海研发平台升级为全球研发中心等等。总体来看，从 2019 年年初审议通过《外商投资法》，到年中发布两张负面清单、一个鼓励目录，到 11 月份出台《国务院关于进一步做好利用外资工作的意见》，2019 年我国在促进外资方面形成了"组合拳"，有力提振了外国投资者对中国的投资信心。

第二节　外资对我国经济发展发挥独特而重要的作用

外资在我国的国民经济发展中至今仍发挥着重要作用，不仅在就业、税收方面占有重要比例，而且在中高端制造业，先进技术的市场份额方面仍发挥着重要影响，所以外资数量的增减涉及国民经济的稳定发展，关乎外贸出口的增长变化，从我国利用外资规模同国际主要国家相比，目前我国人均吸引外商投资仅为 50 美元左右，与世界人均 110 美元和发达国家人均 534 美元的水平相比，仍差距甚远。2014 年以来，我国经济发展进入新常态，经济下行压力加大、传统要素优势逐渐弱化、传统产业投资几近饱和，国内市场竞争趋于白热化以及全球直接投资放缓和美国贸易保护主义等引致的国际经济环境不确定性不断上升等因素，使我国利用外资面临着较多挑战，外资增长持续减弱。同时，我国经济正在转向高质量发展阶段，比较优势也在深刻转换，超大规模市场、良好人力资源、完整产业配套等新优势日益形成，长期稳定和谐的社会环境，更加优良的营商环境以及朝着更高质量、更深层次、更加规范的方向发展的改革开放政策对外资形成了巨大魅力，也是我们稳外资的信心和底气所在。

一、外资在我国经济发展中发挥了独特而重要的作用

改革开放后，外商投资对我国经济发展发挥了极其重要的推动作用，不仅弥补了国内资金短缺，还带来了先进技术和境外市场需求，在税收、就业、技术进步、管理学习、结构升级、市场拓展、对外贸易等方面作出了重要贡献，使我国在国际市场的比较优势得以充分发挥，同时推动了思想观念更新、政府职能转变和宏观经济管理制度的改革，为建立开放型经济新体制发挥了重要作用。从最初承接以消费品为主体的轻加工制造业开始，通过大规模利用外资，我国参与跨国公司全球一体化生产体系的广度和深度不断扩展，在国际分工格局中逐步确立了工业品生产和出口大国的地位。

外商投资带动了我国外向型经济跨越式发展，对我国工业化进程作出了巨大的历史贡献。据国际货币基金组织的相关研究报告，中国在20世纪90年代10.1%的年均增速中，外商直接投资的贡献在3%左右。商务部发布的《中国外商投资报告2018》指出，外商投资企业对中国经济转型升级、优化外贸结构、平衡国际收支、扩大就业均作出重要贡献。2017年，外商投资企业以占全国不到3%的数量，创造了全国近一半的对外贸易、近三成的经常账户顺差、四分之一的规模以上工业企业利润、五分之一的税收收入和近7%的城镇就业，为促进国内实体经济发展、推进供给侧结构性改革发挥了重要作用。根据《中国外资统计公报2019》数据，1992—2018年，全国工业增加值平均增幅为10.9%，

规模以上外商投资企业工业增加值平均增幅达到了 14.6%，外商投资企业税收总额占全国税收收入比重平均达 18.1%，近 20 年以来，外商投资企业进出口总值占全国比重始终保持在 40% 以上。

虽然我国工业化取得了巨大成就，但目前尚未完成工业化，整体技术创新能力仍不够强，需要进一步实现产业价值链升级和竞争力提升。推动我国高技术产业向全球价值链中高端迈进，一方面，要塑造良好的产业发展环境；另一方面，要加强对国际先进技术的引进吸收。就服务业而言，我国服务业层次还不够高，相对于数量庞大的人口来说其规模也不够大。未来 5 年，中国将把发展服务业作为重要的战略和任务，将推动生产性服务业向专业化和价值链高端延伸、生活性服务业向精细化和高品质转变，将进一步扩大金融、教育、医疗、文化、体育等服务业市场的对外开放。显而易见，中国服务业转型升级的过程，是国际合作不断扩大的过程。

总之，推进供给侧结构性改革，实现经济向更高形态发展，跟上全球科技创新步伐，都要继续利用好外资。稳定外资规模、提升外资质量是进一步推进我国现代化进程、实现现代化战略的必然要求。

二、当前稳外资面临的问题和挑战

现在及今后一段时期，我国吸收外商投资依然面临严峻挑战，外资流入放缓或成为大概率事件，总体将维持低速波动的增长格局。

一是国内传统优势逐渐弱化。长期以来，我国依靠廉价土地、低劳动力成本不计生态恶化和环境污染，以及税收优惠政策吸引外资，取得了巨大的发展成就。但近年来，我国的劳动力、土地等要素成本上升，资金成本增加，资源环境约束加大，部分行业产能严重过剩，传统要素优势逐渐弱化。另外，国内制造业企业的学习、研究和开发能力迅速提高，竞争力不断增强，使得国内市场对外资的吸引力不断下降。于是，一些处于价值链低端的外资企业逐渐转移到劳动力、土地成本更低廉的周边国家，这是合乎经济规律的企业自主选择行为。

二是各国引资热情持续高涨，引资竞争加剧。近年来，越来越多的国家加强了对外资的吸引，旨在塑造自身制造业和实体经济的竞争优势。这对我国引资形成了竞争压力。发达国家，尤其是美国、欧洲、日本等纷纷实施"再工业化"战略，出台了一系列面向全球投资者和鼓励本国企业回流的优惠政策；而传统的发展中国家，如印度、越南、泰国、印度尼西亚等也都设立经济特区，不断加大税收、金融等政策的优惠力度，通过基础设施建设、加大研发投入等措施，积极改善自身的要素禀赋，目标是成为全球跨国公司新的投资目的地，尤其是高技术跨国公司。

三是国际经济环境的不确定性明显上升。当前，全球局势错综复杂，单边主义和保护主义盛行，大国关系深入调整，我国外部经济环境的不确定性明显上升。其中，最大的不确定性当属中美贸易争端。受中美贸易争端等因素的影响，在纺织服装、家电、电子等领域的外资企业面临的经营困难增大，短期内受外部冲击出现向东南亚、南亚、非洲等地大面积转移的趋势。这些外资企业已经在我国经营多年，对我国的就业、税收和产业链具有重要意义，因此，它们的转移将对我国经济造成负面冲击，也会影响新兴产业的外资流入。同时，随着贸易摩擦的发展，美国把我国更多高科技企业和机构列入出口管制实体清单，中美贸易摩擦对我国高技术领域吸收外资的负面影响会更加明显。

四是我国外商投资环境仍存在某些不足，在市场准入、市场竞争、法律政策、政府管理服务等方面仍存在一些问题，知识产权保护不足，

"玻璃门""弹簧门"等问题仍较突出，使部分外商对发展环境、发展预期和长期投资信心不足，一些跨国企业对开展中国业务犹豫不决，对华投资的愿望不肯轻易转化为实际行动。

三、稳外资面临的优势和机遇

目前，我国利用外资正处于调整期，调整就不会有高速度，新领域的开放和新投资方式的采用需要时间和体制、政策等方面的调整，政策效应释放仍需时间，所以外商投资不可能在短期内大规模增加，但我国吸收外资有条件保持稳中向好的发展态势。

一是我国经济发展前景依然广阔。我国连续 40 年保持平均 9% 左右的增长率，连续 18 个季度增速保持在 6%—7%，在世界主要经济体中名列前茅。2019 年，我国国内生产总值达到 14.4 万亿美元、人均国内生产总值首次突破 1 万美元大关，不仅意味着我国经济总量不断扩大，而且表明经济结构调整优化，发展质量稳步提升，发展后劲更加充足。

二是我国超大规模市场优势的吸引力。2019 年，我国大陆总人口达到 14 亿人，中等收入群体规模世界最大，是全球最具成长性的消费市场。最终消费支出对经济增长的贡献率为 57.8%，同时，消费发展进入新阶段，居民消费能力快速提升，消费升级态势更加明显，中高端消费需求不断释放，服务消费更为活跃。2019 年年末常住人口城镇化率首次突破 60%，将为投资增长和消费扩容创造巨大空间。产业结构也在快速升级，发展方式正在转向更加绿色环保，这都会给外商投资企业带来各种各样的机遇。

三是我国具备产业配套齐全、基础设施完备和人力资源良好的有利条件。我国拥有世界上最齐全的产业配套，在很多地区形成了世界级的产业集群，可以低成本高效率地向全球提供产品。港口、高速公路、铁路、航空、电力、信息网络设施等基础设施水平不断提升。我国有 1.7 亿多受过高等教育或有高级专业技能的人才，每年新增 800 多万高校毕业生占新增劳动力的半数以上，同时加大职业教育改革力度，不断加快培养国家发展急需的各类技术技能人才。

四是外商投资企业业绩良好。据中国美国商会发布的 2019 年《中国商务环境调查报告》显示，69% 的会员企业在华营业收入有增长，服务业企业的收入增幅最大。60% 以上的会员企业仍将中国作为优先考虑的市场，他们将中国消费增长和中产阶级扩大视为最重要的商业机会，其次是进一步的经济和市场改革。

五是"一带一路"建设以及中非和中拉等经贸合作平台成为外资亮点。中国已与 136 个国家和 30 个国际组织签署了 195 份政府间合作协议。随着"一带一路"建设的稳步推进，沿线国家积极参与对华投资，成为我国利用外资发展的新亮点。非洲和拉丁美洲是共建"一带一路"的重要参与方，在一系列合作论坛框架的引领下，中非和中拉等经贸合作迈上新台阶，为双方进一步深化利用外资合作提供新机遇。在未来，我国会继续把"一带一路"建设作为探索国际经济合作新模式，积极推进与沿线国家的战略合作，着力发挥外资驱动作用，扩大引资规模。

六是我国营商环境持续改善。我国政府在以往对外开放的基础上，近年来进一步加大了改善营商环境吸收外商投资的力度，密集出台利用外资的政策和举措，形成了"组合拳"。从经济特区、开发区到自贸试验区、自由贸易港，从正面清单到实施"准入前国民待遇加负面清单"管理制度，从"外资三法"到制定全新的，以开放、服务和保护外资的《外商投资法》，三年间连续出台了 4 份促进外资发展的国务院文件，不断完善外资政策体系等，这些实打实的重大开放举措，营造了中国更有

吸引力的投资环境。根据世界银行《2020年营商环境报告》，近年来我国营商环境持续大幅度优化，总体评价在190个经济体中位列第31位。特别是随着《外商投资法》和《外商投资法实施条例》的落地实施，外商投资环境会进一步完善，形成公平竞争的格局，将会给利用外资带来重大利好消息，这对吸引外资无疑是个难得的发展机遇，同时也符合经济高质量发展的要求。

第三节　增强我国市场对外资的吸引力

习近平主席在多个场合就外资问题提出"三个不变"——中国利用外资的政策不会变、对外商投资企业合法权益的保障不会变、为各国企业在华投资兴业提供更好服务的方向不会变。2019年11月5日，习近平主席在第二届中国国际进口博览会开幕式上重申中国开放的大门只会越开越大，中国持续推进更高水平的对外开放。2020年1月21日，国务院副总理韩正在出席达沃斯世界经济论坛2020年年会致辞时强调，中国将进一步放宽外商投资准入，将继续缩减外商投资准入负面清单，允许更多领域实行外商独资经营。中国将进一步增加商品和服务进口，将进一步降低关税水平，消除各种非关税壁垒，大幅削减进口环节制度性成本。中国将进一步改善营商环境，实施好新的《外商投资法》和《优化营商环境条例》，不断完善市场化、法治化、国际化的营商环境，对在中国境内注册的各类企业平等对待、一视同仁。中国将进一步打造对外开放新高地，将继续鼓励自由贸易试验区大胆试、大胆闯，赋予自由贸易试验区更大的改革自主权，加快推进海南自由贸易港建设。中国将进一步深化多双边合作，将继续把共建"一带一路"同各国发展战略、区域和国际发展议程有效对接、协同增效，共同推动建设开放型世界经济。

面对复杂的国际经济形势，我国吸引外资系列政策不断加码出台并迅速步入落地阶段，从准入、财税优化，到用地、用气、用工等"高含金量"政策红包的相继兑现，我国市场对外资的吸引力还在逐步增加。总之，吸收外资牵涉到生产、消费、流通、市场准入、税收、进出口、安全等各个环节，稳外资需要理念、文化、体制、政策等多方面的措施保障和协力配合。

一、按照高质量发展要求完善外资政策体系

新时代外资工作的新目标新要求更加明确，必须从全球的视野考量外国投资的战略地位，对外资经济的作用作出新的判断，明确通过吸收外资达到更好地配置全球优势资源的目的，在吸收外资的政策导向中体现中国在新时期经济高质量发展的目标，如技术创新、城镇化、产业升级、中西部发展等，注重引进先进技术、人才和智力资源，提高决策水平，切实把握好政策调整的重点、节奏和力度，做到长远目标与阶段性目标相结合、整体设计与分步实施相结合，避免出现大的起落。加快研究和制定鼓励战略性新兴产业、节能环保产业、现代服务业、现代农业等与我国转变发展方式相适应的产业引资政策。加快研究高端制造业和新兴产业的开放政策、鼓励投资领域及新型利用外资方式，多途径、多渠道推动高端制造业和新兴产业的国际合作。进一步落实好重点产业和机械制造业外商参与兼并收购的政策，解决好外商投资企业的国民待遇问题，确保外商投资企业享受国内相关技术创新和研发的产业支持政策。着力提高市场的公平性，及时纠正违反公平竞争的做法，着力消除

妨害公平竞争的制度性障碍。

二、打造市场化、法治化、国际化营商环境，进一步提升吸收外资的国际竞争力

我国吸收外商投资的规模和质量，归根到底还是取决于我国的综合引资要素优势。政府下一步努力的方向仍然是继续贯彻扩大对外开放、积极利用外资的若干措施，通过提高投资便利化、优化投资环境等措施，加大投资促进和投资保护的力度，提升利用外资的综合优势，使对外开放的举措落地生根。

一要完善市场化营商环境，进一步提高负面清单管理的可操作性和透明度，加快对接国际行业分类标准，切实放宽服务业准入限制，规范和完善负面清单的内容与形式，促进内外资企业平等参与国家科技创新计划、标准制定工作、政府采购等。

二要完善法制化营商环境，要全面贯彻落实《外商投资法》和《外商投资法实施条例》，抓紧制定完善具体配套政策措施，推动限期废止或修订与国家对外开放大方向和大原则不符的法律法规或条款，切实推动外商投资准入、促进与保护，规范外商投资管理，进一步完善高质量利用外资的制度体系。发挥知识产权司法保护重要作用，完善知识产权保护工作机制，加大对侵权违法行为的惩治力度，持续提升知识产权司法审判工作规范化、科学化、国际化水平。

三要完善国际化营商环境，要主动对标国际高标准规则，提高投资自由化和便利化，促进内外资公平竞争，打造高水平数字贸易营商环境。保护外商知识产权，提升投资信心。完善标准化管理规定，鼓励内外资企业平等参与标准化工作，维护公平的营商环境。

三、把引资、引技、引智相结合，不断提高利用外资的质量

一是积极落实外商投资研发中心支持政策，研究调整优化认定标准，鼓励外商投资企业加大在华研发力度。为研发中心运营创造便利条件，依法简化具备条件的研发中心研发用样本样品、试剂等进口手续，促进外资研发投入。进一步落实高新技术企业政策，鼓励外资投向高新技术领域。

二是将服务外包示范城市符合条件的技术先进型服务企业所得税优惠政策推广到全国，引导外资更多投向高技术、高附加值服务业。

三是鼓励跨国公司在华投资设立地区总部，支持各地依法依规出台鼓励政策。

四是提升外国人才来华工作便利度。依法保障在华工作外国人才享有基本公共服务。为符合国家支持导向的中国境内注册企业急需的外国人才、外国高端人才提供更加便利的外国人来华工作许可管理服务。

五是提升外国人才出入境便利度。优化外国人申请来华工作许可办理流程，完善部门信息共享机制，探索整合外国人工作许可证和工作类居留许可。

四、充分发挥开放平台的作用，打造对外开放新高地

按照国际高标准市场开放模式深化自贸区改革，赋予自贸区更大改革自主权，加快推进中国特色自由贸易港建设，推动国家级经济开发区、边境经济合作区和跨境经济合作区等区域开放平台的建设。

一是要系统研究各类特殊经济区面临的新形势、新问题与新挑战，就特殊区在高质量发展中的定位、职能、政策体系等做好顶层设计。

二是要鼓励各类特殊经济区大胆创新，先行先试，充分发挥其改革开放的试验田作用。

三是切实推进国家级经济技术开发区"审批不出区""互联网＋政务服务"和"最多跑一次"改革，创新完善企业服务体系，构建一流营商环境。

四是加强中西部地区、沿边地区、老工业基地等开放平台的建立，提供相应的财政税收、土地管理等方面的优惠政策，增强其对外商投资者的吸引力。

五是支持地方加大对外资的招商引资力度，制定考核激励政策，对招商部门、团队内非公务员岗位实行更加灵活的激励措施。

五、利用中美贸易摩擦的外溢效应来推进国内改革

将挑战转化为机遇，继续研究推出一批管用见效的重大改革举措。国际贸易和投资之间摩擦的实质是国家间产业竞争的结果，被外国竞争所伤害的企业总是致力于获得某种形式的保护。从表面上看，实行保护措施可以提高进口品的价格，提高市场准入的门槛，使得需求转向国内生产，从而创造就业机会，但产业保护显然不是最有效率的做法，治标治本的做法是发展经济，创造具备比较优势的高生产率的工作岗位。一些垄断行业在政府多年的保护下仍然没有能够发展起来，还削弱了产业的创新能力，下一步要进一步深化重点领域的改革，包括国企改革、金融改革、土地制度改革等，破除垄断行业实质性开放的阻力。进一步完善外商投资准入负面清单管理制度，继续压减全国和自贸试验区的负面清单，尤其是进一步加大自贸试验区开放压力测试力度，全面清理负面清单以外对外资的限制。

六、保护在华外资企业合法权益

各地应建立健全外商投资企业投诉受理机构，完善处理规则，规范处理程序，提高处理效率。严格遵照《外商投资法》《行政许可法》等法律法规对外商投资实施行政许可，不得擅自改变行政许可范围、程序及标准等，行政机关及其工作人员不得通过行政许可、监督检查、行政强制等，强制或者变相强制外国投资者、外商投资企业转让技术。在贸易摩擦冲击下，出口导向型外资下降趋势长期化或幅度过大势必会对我国经济增长产生一定影响。政府应设立支持政策体系，持续评估各类企业所受的影响，帮助企业缓解可能受到的冲击，特别是要稳定现有外资企业的经营，以较为宽松的政策让其凭借更为稳定的经营业绩和更高的生产效率，实现进一步增资。同时，还需要给外资企业提供更好的法律权益保护，在知识产权、政府采购、产业优惠政策等方面保障外资参与公平竞争，向全球投资者展示一个稳定、理性、法治的中国市场，使中国继续成为外国企业投资的首选之地。

七、积极推进双边和多边投资协定谈判

致力于改善和深化与发达国家的经贸关系，学习发达国家引进外资的经验。要积极开展与欧洲、日本、美国等发达国家（地区）的双边、多边投资协定谈判，尽快达成平衡双赢的投资协定，从而增加欧洲、美国、日本等发达国家企业在华投资的商机、意愿和创新能力。尤其要坚持不懈地推动中美双向投资向前发展。由于政治体制、价值观、社会理念、安全保障体系、经济发展阶段的差异，中美双向投资现状落后于两国的经济现实。中美之间进一步相互开放投资领域，有利于从根本上解

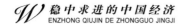
决双边贸易失衡问题。我国应加强与美国地方政府、企业、智库、媒体的沟通合作，设法使中美双向投资互利互惠的共识更加深入人心，逐步克服互信缺失、敏感部门开放等障碍，坚持不懈地推动中美双向投资向前发展。同时，通过区域全面经济伙伴关系协议、"一带一路"建设加强与其他国家的贸易投资合作，部分抵消美国等国家内向政策对我国可能造成的外资分流。

第七章　稳投资：
支撑经济增长的关键因素

　　"稳投资"是把解决难题与可持续发展结合起来，以新发展理念在解难纾困中走上新发展道路，稳高质量的投资。稳投资切入点将更准，支持环境将更稳健，更有利于建设开放型经济新体制，更有利于抓住既能够满足群众期盼，又有利于拓展内需、促消费、补短板，不会导致重复建设的重大项目，扩大有效投资，实现稳增长、调结构、惠民生。当前，我国已经具备稳投资的基础和条件。面对经济承压、稳中有变的情况，我们有及时发挥宏观政策逆周期调节作用的空间；推进供给侧结构性改革，还有不少短板和弱项需要补齐跟上，需求潜力很大；储蓄水平较高，实施积极的财政政策和稳健的货币政策"工具箱"很丰富；民间经济活跃，外资仍然看好中国庞大的消费市场和投资市场；推进国家治理体系和治理能力现代化，使宏观调控能力和方法手段更加适应市场经济变化。这些都表明，稳投资既是应对当前经济增速放缓的有力举措，也是发挥投资对推动供给侧结构性改革关键性作用、谋求经济高质量发展的长远之策，对提升长期综合竞争实力具有重要意义。

第一节　当前投资总体形势

《中国投资发展报告（2019）》指出，我国正处于向高质量发展转型的关键时期，结构性改革和三大攻坚战任务繁重。中央强调要增强战略定力，加大逆周期政策调控力度，进一步深化改革和扩大开放，促进形成强大国内市场，激发微观市场主体活力，促进我国经济平稳向好长期发展。2019年，中国经济仍将保持平稳的发展势头，随着逆周期政策调控和改革开放措施发力推进，经济增长动能将逐渐修复，经济结构将发生新变化，国民经济良性循环的制度条件有望进一步优化。[①]从中国经济发展来说，经济增长的关键动力来自资本的快速积累，而投资则是支撑中国经济增长最有力的推动力量之一。从未来需求看，为更好促进经济协调发展和持续增长，关键是要做好稳投资工作。2019年《政府工作报告》提出，要"充分发挥消费的基础作用、投资的关键作用"[②]。这为以稳投资为抓手，合理扩大有效投资，推动经济高质量发展指明了方向。

一、当前投资的基本状况

2019年，在党中央、国务院坚强领导下，各地区、各部门认真贯彻落实"六稳"政策，特别是稳投资的各项改善措施，固定资产投资运行总体平稳，投资结构不断优化，新动能投资快速壮大，短板领域投资持续发力，制造业投资低位回升，房地产开发投资较快增长，投资的关

---

① 《中国投资发展报告（2019）》，社会科学文献出版社2019年版，第5—21页。

② 李克强：《政府工作报告——2019年3月5日在第十三届全国人民代表大会第二次会议上》，人民出版社2019年版，第24页。

键性作用进一步显现。主要呈现以下特点。

（一）投资持续平稳增长

2019 年固定资产投资保持平稳增长，资本形成总额对经济增长的贡献率达到 31.2%。尽管增速较上年有所降低，但投资仍发挥着稳定增长的关键性作用。2019 年，全国固定资产投资(不含农户)551478 亿元，比上年增长 5.4%，增速比 1—11 月份加快 0.2 个百分点，比 2018 年回落 0.5 个百分点。2019 年各月投资增速基本在 5%—6.5%的区间，保持平稳态势。

（二）高技术产业投资快速壮大

2019 年，高技术产业投资快速增长，特别是下半年以来增速逐月加快。全年高技术产业投资比上年增长 17.3%，增速比 1—11 月份加快 3.2 个百分点，比 2018 年加快 2.4 个百分点，高于全部投资 11.9 个百分点。高技术制造业投资比上年增长 17.7%，增速比 1—11 月份加快 2.9 个百分点，比 2018 年加快 1.6 个百分点；占全部制造业投资的比重超过 20%。其中，医疗仪器设备及仪器仪表制造业投资增长 36.4%，电子及通信设备制造业投资增长 18.7%，计算机及办公设备制造业投资增长 18.7%，医药制造业投资增长 8.4%。高技术服务业投资比上年增长 16.5%，增速比 1—11 月份加快 3.4 个百分点，比 2018 年加快 3.6 个百分点。其中，环境监测及治理服务业投资增长 33.4%，检验检测服务业投资增长 31.9%，研发设计服务业投资增长 29.1%，电子商务服务业投资增长 27.9%。

（三）基础设施投资持续发力

2019 年基础设施投资总体平稳，比上年增长 3.8%，增速与 2018

年持平，一些短板领域投资得到加强。其中，道路运输业投资增长 9.0%，增速比 2018 年加快 0.8 个百分点；信息传输业投资增长 17.4%，加快 14.3 个百分点；生态保护和环境治理业投资增长 37.2%。社会领域投资保持两位数增长，全年投资比上年增长 13.2%，增速比 1—11 月份加快 0.6 个百分点，比 2018 年加快 1.3 个百分点。其中，教育投资增长 17.7%，文化、体育和娱乐业投资增长 13.9%。2019 年，电力、热力、燃气及水的生产和供应业投资比上年增长 4.5%，增速比 1—11 月份加快 0.9 个百分点，2018 年下降为 6.7%。

（四）制造业投资低位回升

2019 年，制造业投资比上年增长 3.1%，增速比 1—11 月份加快 0.6 个百分点。其中，装备制造业投资增长 4.3%，比 1—11 月份加快 0.9 个百分点；制造业中技改投资增长 7.4%，比 1—11 月份加快 0.7 个百分点。

（五）房地产开发投资较快增长

2019 年，房地产开发投资比上年增长 9.9%，增速比 1—11 月份小幅回落 0.3 个百分点，比 2018 年加快 0.4 个百分点，其中住宅投资增长 13.9%。房地产开发企业房屋施工面积比上年增长 8.7%，其中新开工面积增长 8.5%。房地产开发企业到位资金比上年增长 7.6%，增速比 1—11 月份加快 0.6 个百分点，比 2018 年加快 1.2 个百分点。

（六）民间投资增速有所提高

2019 年，民间投资比上年增长 4.7%，增速比 1—11 月份加快 0.2 个百分点。其中，社会领域民间投资增长 16%，房地产开发民间投资增长 8.5%，制造业民间投资增长 2.8%。

（七）第三产业投资增速明显快于第一、二产业

2019 年，第一产业投资比上年增长 0.6%，1—11 月份下降 0.1%；第二产业投资增长 3.2%，增速比 1—11 月份加快 0.8 个百分点；第三产业投资增长 6.5%，增速比 1—11 月份小幅回落 0.2 个百分点，比 2018 年加快 1.0 个百分点。

（八）中、西部地区投资增速加快

2019 年，东部地区投资比上年增长 4.1%，增速与 1—11 月份持平；中部地区投资增长 9.5%，加快 0.2 个百分点；西部地区投资增长 5.6%，加快 0.7 个百分点；东北地区投资下降 3.0%，降幅收窄 0.7 个百分点。

二、当前投资领域存在的主要问题

当前我国固定资产投资运行总体平稳，投资对经济增长支撑作用进一步增强，其中，基础设施投资增速继续保持回升态势，高技术制造业投资快速增长，有利于推动我国经济结构的转型优化。但投资领域出现的一些问题也需要引起关注，提出有效措施加以解决，保持我国经济可持续发展。

（一）基础设施领域仍有不少短板

大规模基建投资是过去四十多年中国经济高速增长的重要推手。基础设施投资也是政府用于宏观经济逆周期调节的重要举措。当经济运行过热时政府倾向于放缓基建投资，反之，当经济明显下行时政府则通过

加码基建投资刺激经济。

在基础设施建设与经济增长之间的相互关系中，基础设施建设对经济增长具有结构效应、成本效应、环境效应、资本吸引效应、社会公平效应等。基础设施建设是经济发展的动力，对促进国民经济增长有着巨大的推动作用，在国民经济的发展中起着不可或缺的作用。

当前，不平衡不充分等问题既反映在基础设施建设中存在不少薄弱环节，也反映在基础设施服务的质量和效益跟不上需求变化；既反映在传统的基础设施行业升级缓慢，也反映在新兴的基础设施部门发展不足；既反映在城乡间差异显著，也反映在地区间均等化水平不高，而这些恰恰正是加大投资的着力点。我国经济社会发展对投资的需求依然巨大，要发挥好投资的关键作用，最关键是要紧扣国家发展战略，立足于推动高质量发展的要求，选准投资领域和项目，把有限的资金花在"刀刃"上，提高投资的有效性。

根据世界经济论坛发布的《2015—2016 年全球竞争力报告》，对全球商业领袖和专家进行问卷调查的结果显示，基础设施供应不足，排在创新能力不强、融资难、行政效率不高之后，是他们判断在中国营商的第四大约束。对制造业强国美国、德国、日本而言，基础设施供应不足，在这三个国家的营商约束中分别排在第 9 位、第 9 位、第 10 位。也就是说，在美国、德国、日本，基础设施的瓶颈制约尽管依然存在，但负面影响已较为微弱。在该报告给出的全球竞争力指数下的三级指标"基础设施"上，中国的得分是 4.73 分（满分为 7 分），在 140 个经济体中排在第 39 位；美国的得分是 5.87 分，位居第 11 位；德国的得分是 6.12 分，位居第 7 位；日本的得分是 6.21 分，位居第 5 位（WEF，2016）。排在日本之前的是中国香港、新加坡、新西兰、阿联酋，它们的面积、经济规模和产业结构，与中国有很大差异。因此，比较中国在交通运输、能源供应、信息通信等基础设施领域与美国、德国、日本的差距，大致可以明确中国主要基础设施的短板所在。

（二）部分重大项目建设受到资金约束

由于大部分的基建投资来自地方财政，大规模基础建设投资背后是债务高企的地方政府，而地方政府在不同阶段多多少少都面临软预算约束问题。当中国基础建设重心逐步转移至城市基础建设时，地方政府的软预算约束对中国资源配置的效率影响加大。

项目确定了之后，钱从哪里来？投资资金除了依赖税收和非税收入外，通过发行地方政府债券筹资正变得越来越重要。据统计，自2019年以来，国家发展改革委累计批复的重大项目已经超过8000亿元，企业债规模也突破7000亿元。而在2020年国家发展改革委已批复的重大项目中，仅涉及交通领域的建设资金就达到约7000亿元。根据官方统计，截至2019年8月底，地方政府债务总额达21.4万亿元，其中有12万亿元为地方政府一般债务，9.5万亿元为地方政府专项债务。在21.4万亿元的地方政府债务中，有21万亿元的债务以地方政府债券的形式存在，包括地方政府一般债和地方政府专项债，剩余的3910亿元债务为非债券负债。但是，地方政府的实际债务远不止于此，不少隐性债务并没有考虑在其中。

"稳投资"作为"六稳"政策之一，其重点就是稳基础设施投资。工程规模庞大、建设周期较长、资金需求量高，往往是重大基础建设项目面临的共同问题。自2018年年底以来，基础建设投资增速逐步企稳，但受制于资本金的约束，基建投资增速的改善程度并不明显。

（三）项目接续跟进不足

2019 年全国新开工项目计划总投资同比下降 7%，已经连续 6 个月下降。从重点领域看，受新增地方政府专项债券资金用于重大项目建设比例不高、发行使用与项目组织衔接不畅以及土地要素等制约，多地出现基础设施项目接续不足、投资后劲乏力的情况。从区域看，2019 年经济发展整体水平高、总量大的东部地区固定资产投资同比增长 4%，增速较上半年回落 0.4 个百分点，低于全国整体水平 1.4 个百分点，这将进一步加大全国经济下行压力。

2019 年全年国家发展改革委共审批核准固定资产投资项目 157 个，总投资 13292 亿元，其中审批 116 个、核准 41 个，主要集中在交通运输、能源、高技术和水利等领域。其中，交通运输项目 37 个、能源项目 34 个、高技术项目 22 个、水利项目 15 个。

当前基础设施建设项目融资模式有待进一步创新，过度依赖政府信用及财政资金的局面尚待转变，融资不畅可能影响投资进展；基础设施前期项目储备规模偏小，项目落地进度延缓，影响未来投资发展后劲。

第二节　投资是推动经济社会发展的
直接动力

多年来，在拉动经济增长的投资、出口、消费传统"三驾马车"中，投资一直保持着较为强劲的增长势头和引领势头，也带来了较为强劲的增长动力。从几组数据可以粗略看出，2005—2011 年，外商直接投资年均增速超过 13%，此后从 2011 年至今固定资产投资的年均增速仅为 2.3%；民间投资自 2015 年开始固定资产投资连续下行，2016 年以来投资增速低于全国固定资产投资增速。这一投资曲线，与国内经济发展曲线保持基本一致。可见投资与增长呈正相关关系。

投资是推动经济社会发展的直接动力。既稳当前，也稳长远，对确保稳投资高质量健康发展尤为重要。稳当前，就是要敢于清除长期存在的、不利于公开公平投资环境的各种人为障碍，对饱受诟病的投资痛点、堵点、难点狠下决心，靶向治疗；稳长远，就是在坚决消除各种人为"门""坎""卡"的同时，把创造稳定、公平、公开的投资营商环境作为改革目标。

稳投资政策是在中国经济运行出现新变化、经济发展面临新要求的背景下产生的。一方面，当前宏观经济下行压力加大，尤其是投资增速过快下滑对稳投资提出了迫切需要；另一方面，中国经济转向高质量发展，深入推进供给侧结构性改革，对加强补短板、强弱项投资提出了新需求。做好稳投资工作，对于稳定经济增长、发挥投资对优化供给结构的关键性作用、提升长期综合竞争实力具有重要意义。

一是稳投资是保持经济平稳健康发展的必然要求。2018年以来，固定资产投资增速逐月回落，尤其是基础设施投资增速出现大幅下跌，对经济平稳运行和市场预期形成较大干扰。稳投资政策的及时出台可有效扭转投资增速持续下行的局面。2019年以来，我国经济保持了总体平稳、稳中向好的态势，重要宏观调控指标处在合理区间。当前，经济运行稳中有变，面临一些新问题、新挑战，外部环境发生明显变化，稳定有效投资有利于把加快调整结构与持续扩大内需结合起来，保持经济平稳健康发展。

二是稳投资是发挥投资对优化供给结构关键性作用的必然要求。习近平总书记在2018年中央经济工作会议中提出："我国经济运行主要矛盾仍然是供给侧结构性的，必须坚持以供给侧结构性改革为主线不动摇，更多采取改革的办法，更多运用市场化、法治化手段，在'巩固、增强、提升、畅通'八个字上下功夫。"① 近年来，通过政府投资引导，吸引和带动社会资本参与，支持了一大批符合发展和民生需要的重大项目建设，对结构调整、转型升级发挥了关键作用。目前，中国经济已由高速增长阶段转向高质量发展阶段，中国社会的主要矛盾也转化为人民日益增长的美好生活需要和不平衡不充分的发展之间的矛盾，这种发展阶段和主要矛盾的转变都要求我们必须保持一个合理稳定的投资增速，从而既优化存量供给结构，也补齐发展不平衡不充分的短板。稳定有效投资，有利于加快补齐关键领域和薄弱环节的短板，提升供给质量、优化供给结构，促进国民经济生产、流通、分配、消费和扩大再生产良性循环，实现高质量发展。

三是稳投资是改善基础设施条件，提升长期综合竞争实力的必然要求。习近平总书记在 2018 年中央经济工作会议上指出："我国发展现阶段投资需求潜力仍然巨大，要发挥投资关键作用。"② 发挥投资对经济增长的关键作用，结合国家投资建设重点部署，把投资与精准脱贫、污染防治两大攻坚战有机结合起来，把投资与缓解城市病、加强民生保障结合起来，全面提高投资的质量和效益。积极对接国家安排，加大重大基础设施、民生保障设施的投资建设力度。经过多年建设，我国基础设施条件明显改善，但发展不平衡不充分的问题仍然比较突出，距离基础设施通达程度比较均衡的目标仍有显著差距。稳定有效投资，加快基础设施提质增效，是提升长期综合竞争实力的重要支撑。

---

① 习近平：《在中央经济工作会议上的讲话》，《人民日报》2018 年 12 月 22 日。
② 习近平：《在中央经济工作会议上的讲话》，《人民日报》2018 年 12 月 22 日。

第三节 聚焦关键领域和薄弱环节投资

当前，在世界经济贸易增长疲弱、国内经济下行压力较大的情况下，稳投资对稳定增长具有重要意义。现在，我国储蓄率仍处于较高水平，生产资料价格指数较低，投资增速下降，适当扩大投资不会引起通货膨胀。重点是适当增加基础设施和基本公共服务领域的投资。改革开放以来，基础设施和城乡公共设施建设取得了巨大进展，但现有存量人均水平仍远低于发达国家，还有很大发展空间。扩大有效投资要着眼于补短板、惠民生、增后劲，包括支持中西部地区承接产业转移，欠发达地区交通路网建设，城市老旧小区改造，市政公共设施建设，教育、医疗、养老等领域的投资；面向未来的新型基础设施建设投资；以及既能拉动经济增长又能提高潜在增长率的企业设备更新改造投资；等等。稳投资的难点在于解决资金来源。近年来，一些地方财政收入减少，加上土地出让金收入下降，导致地方建设资金减少。要多措并举保障稳投资的资金来源，比如，经营性较强的基础设施建设项目可以实行政府与社会资本合作，或者直接由社会资本投资，政府将有限资金用在公益性和准公益性领域投资；发挥地方政府专项债券作用，带动民间投资；适当扩大国债和地方政府一般债券发行规模；盘活部分政府存量资产，推进经营权有偿转让，拓宽地方基础设施和公共服务项目的投融资来源。

一、持续加强基础设施补短板

基础设施投资具有一定的逆周期特征，是短期对冲风险、拉动经济增长的重要工具。因此，稳投资尤其是稳基建投资仍然是我国经济稳增长的重要抓手。而稳投资最直接的措施就是加大基础设施建设投资的力度，也是改善基础设施条件，提升长期综合竞争实力的必然要求。2019年5776亿元中央预算内投资已下达89%，可以带动几万亿元社会投资，重点是加快中央预算内投资安排使用，加快补齐基础设施、公共服务等短板弱项，实施制造业技术改造和设备更新，适当降低基础设施等项目资本金比例，推进电信、互联网领域新型基础设施建设。

2019年基础设施投资总体平稳，比上年增长3.8%，增速与2018年持平，一些短板领域投资得到加强。其中，道路运输业投资增长9.0%，增速比2018年加快0.8个百分点；信息传输业投资增长17.4%，加快14.3个百分点；生态保护和环境治理业投资增长37.2%。9月25日，北京大兴国际机场正式通航，未来北京大兴国际机场与北京首都国际机场合计年旅客吞吐量将突破2.5亿人次；9月26日，京雄城际铁路北京西至大兴机场段正式开通，乘客从北京西站出发到达北京大兴国际机场最快仅需28分钟；9月28日，连接7个省区、全长1813.5公里的浩吉铁路开通运营，这是世界上一次性建成并开通运营里程最长的重载铁路。2019年以来，一个个大型基础设施项目建成投运，畅通人流、物流、信息流、资金流，继续聚焦产业升级、脱贫攻坚、基础设施、民生保障等关键领域和薄弱环节，扎实推进落实补短板、稳投资各项重点任务，让中国经济在流动中持续释放活力。在为稳投资发挥支撑作用的同时，也为中国经济健康发展塑造中长期优势。

基础设施建设投资要补短板，不能搞重复建设，不能增加过多的政府债务。经过多年建设，我国基础设施条件明显改善，但发展不平衡不充分的问题仍然比较突出，距离基础设施通达程度比较均衡的目标仍有显著差距。

当前投资增速总体平稳，投资结构继续优化。根据经济发展规划和脱贫攻坚计划确定基础设施建设投资重大项目，坚持既不过度依赖投资也不能不要投资、防止大起大落的原则，聚焦关键领域和薄弱环节，保持基础设施领域补短板力度，进一步完善基础设施和公共服务，提升基础设施供给质量。支持教育、医疗卫生、文化、体育、养老、婴幼儿托育等设施建设，进一步推进基本公共服务均等化。推进保障性安居工程和城镇公共设施、城市排水防涝设施建设。加快推进"最后一公里"水电气路邮建设。其中，2019 年 7 月底召开的中共中央政治局会议明确，实施城镇老旧小区改造、城市停车场、城乡冷链物流设施建设等补短板工程，加快推进信息网络等新型基础设施建设。从历史经验看，投资特别是基础设施建设投资，仍然是我国促进经济增长最主要和最有效的抓手。

二、加快推进科技创新补短板

在《2019 全球竞争力报告》中，中国排名第 28 位，与 2018 年排名相同，分数为 73.9，比 2018 年高 1.3 分，是排名最高的金砖国家；从排行榜看，尽管创新能力和商业活力的平均得分仍低于欧洲和北美地区，但其多个经济体竞争力抢眼，亚洲崛起趋势显著。从总体评价指标来看，创新成为影响竞争力的关键因素，这为亚洲乃至全球各经济体的经济繁荣之路建设提供了指路明灯。2019 年，高技术产业投资快速增长，特别是下半年以来增速逐月加快。全年高技术产业投资比上年增长17.3%，社会领域投资保持两位数增长，全年投资比上年增长 13.2%。

稳投资要聚焦关键领域和薄弱环节，对于高科技产业而言，要重视核心技术和基础研究协同发力。真正的核心技术是买不来的，加大对关键领域核心技术和基础研究的投入，才能为高质量发展提供新动力。

2019年中国人工智能领域投资出现快速增长。2019年上半年中国人工智能领域共获融资超过478亿元，获得了不俗的成绩。根据科技发展的方向确定有效投资的重点，坚定不移地支持战略性新兴产业，补上科技创新短板，通过奖励、补贴和优惠贷款等方式持续加大对关键技术研发的支持力度，引导资金流向关键技术研发，培育长期投资动能。抓住"两个环节"，着力提升科研投入产出效率。在科技创新的"入口"，持续加大财政科技投入，努力让科研成果"出得来"。在科技创新的"出口"持续投入，支持打通科技成果转化运用的"最后一公里"，促进科技创造力加速转化为实际生产力，努力让科研成果落地。

坚持以供给侧结构性改革为主线，增强微观主体活力，提升产业链水平。加快5G商用步伐，加快人工智能、工业互联网、物联网等新型基础设施建设。城际交通、物流、市政基础设施、公共服务设施、乡村振兴、脱贫攻坚、生态环保、自然灾害防治……中国补短板空间巨大。值得注意的是，包括人工智能、工业互联网、物联网等在内的一些新型基础设施建设已被列入国家重点扶持的基建投资领域。这些基建项目是对传统基建的扩展，兼顾了稳增长和促创新的双重任务，不仅有利于带动经济总量的增长，同时也将促进经济结构的转型和升级。比如加快5G商用步伐等新型基础设施建设，通过带动设备需求，将助力制造业转型升级。

2019年支持投资的宏观政策更加宽松，基础设施投资力度将加大。从结构视角看，新基建、补短板领域的投资存在机会，应多关注高铁、以5G为代表的信息通信基础设施等新基建领域，以及乡村振兴战略指导下的农村人居环境与公共服务改善、重点水利基础建设等补短板领域。加快推进能源、交通、水利等重大项目建设，铁路投资8000亿元、公路水运投资1.8万亿元，再开工一批重大水利工程，加快川藏铁路规划。新型城镇化及相关基础设施建设也将成为中国经济的重要发力点，尤其在打造智慧城市领域方面，未来十年的投资可能更多的是软基建、数字类信息基础设施的投资。

创新融资方式、充分撬动社会资本，探索更加科学、更高质量的投资路径，对于短期稳投资、长期实现经济高质量发展意义重大。

三、解决稳投资资金来源

稳投资首先要有资可投，必须要解决好钱从哪里来的问题。稳投资的资金来源无非来自财政或金融。由于目前我国不少地方政府债务较重，主要的资金来源可能还是金融。众所周知，重大的基础设施项目建设离不开资金的支持。近年来，地方政府债券尤其是专项债已经成为基础设施补短板的重要资金来源，在稳投资等方面发挥出越来越重要的作用。2019 年 11 月 12 日，国务院总理李克强在主持召开经济形势专家和企业家座谈会上提出，要"优化地方政府专项债使用，带动社会资金更多投向补短板、惠民生等领域，扩大有效投资，增强发展内生动力"①。

2019 年地方债发行规模再次超过 4 万亿元，达到 4.36 万亿元。2020 年地方债发行规模突破 5 万亿元已无悬念，发行速度也越来越快，2019 年改变了往年债券发行集中在下半年的窘状，2020 年 1 月（计划）地方发行新增债券规模逼近 7000 亿元，创历史新高。而且发债投向更加精准，更多资金投向重大民生补短板领域。

稳投资离不开资本市场的支持。高效和稳定的资本市场是稳投资所

---

① 《李克强主持召开经济形势专家和企业家座谈会强调　改革开放增动力　实干奋进扩潜力　保持经济运行在合理区间》，《人民日报》2019 年 11 月 13 日。

需资金的重要来源，也是实现资源有效配置的重要手段。为此，要继续深化资本市场改革，加快多层次资本市场的建设，拓宽直接融资渠道，通过债权、股权、股债结合、基金等多种形式，积极为补短板重大项目提供融资。加快科创板注册制的研究和出台，统筹主板、中小板、创业板、科创板、新三板、区域性股权市场等各层次股权市场定位分工，让更多的项目和企业能到资本市场上融资。重视私募股权基金的战略作用，加快发展产业引导基金和创业投资基金，为产业升级和中小企业的发展提供资金支持。政府和社会资本合作（Public-Private Partnership，PPP）不仅可以有效降低项目的整体成本，提高基础设施和公共产品投资的效益，而且不会增加财政和金融系统的风险。在当前稳增长的大背景下，政府和社会资本合作模式可以成为地方政府的一个重要抓手。在认真总结前期经验教训的基础上，加大政府和社会资本合作模式的推广力度，对于扩大投资规模、提高投资效率，构建现代财政制度具有重要意义。

在稳增长和防风险双目标取向下，如何明确稳投资的资金来源？出路在于制度创新：坚决"堵牢后门"，防风险；适度"开大前门"，稳投资。

一是坚决"堵牢后门"，严格防范地方政府债务风险。在稳增长和大规模城镇化建设下，巨额投资需求容易使地方融资平台继续成为违法违规举债高发的载体，不少违规通道业务、代理业务均来源于此，政府隐性债务大多隐身于这些平台之中，仍是地方政府债务的主要风险点。因此，下一阶段防范地方政府债务风险，首要任务就是加快推进地方政府融资平台转型，使其"去政府融资功能化"，成为独立市场主体。

二是在防风险前提下认真落实好适度"开大前门"政策。一方面，要进一步增加财政支出规模，集中力量重点支持打赢"三大攻坚战"；加大基础设施投资力度，为企业和社会发展创造良好的外部条件；增加对教育、医疗、文化、卫生等社会事业发展的财政投入；加大对"三农"的财政投入，促进城乡基本公共服务一体化。另一方面，要加快构建合理的地方融资渠道，进一步丰富地方政府融资来源，新增债券发行要继续提速，以满足基础设施投资建设的需要，缓解地方政府集中偿债压力；较大幅度提高地方专项债务限额，维持地方政府投资支出的稳健性，为重点项目建设提供资金支撑。为进一步放大政府投资对社会资本的带动作用，可以考虑适度降低重点建设项目的资本金比例，充分发挥政府投资"四两拨千斤"的杠杆效应。此外，应理顺中央和地方的财政关系，提高地方政府履行职责的财政保障能力。

四、持续深化投融资体制改革

党的十九大报告明确提出："深化投融资体制改革，发挥投资对优化供给结构的关键性作用。"[1] 随着中国特色社会主义进入新时代，以习近平同志为核心的党中央对我国经济社会发展提出了一系列新论断、新理念、新观点，为新形势下深化投融资体制改革提供了根本指南。我们要以习近平新时代中国特色社会主义思想为指导，立足发挥投资对优化供给结构的关键性作用的功能定位，适应投资促进高质量发展的要求，围绕充分发挥市场在资源配置中的决定性作用和更好发挥政府作用，进一步深化投融资体制改革。

一是深入推进投资审批制度改革，提高投资建设效率。完善项目决策与用地规划等建设条件协同机制，解决投资项目在落实选址、用地、规划等建设条件以及相关审批中的突出问题。建立以投资决策综合性咨

---

[1]　习近平：《决胜全面建成小康社会　夺取新时代中国特色社会主义伟大胜利——在中国共产党第十九次全国代表大会上的报告》，人民出版社2017年版，第34页。

询为基础的联合评审机制，鼓励发展全过程和综合性投资咨询机构，推动投资中介服务机构由资质管理向行业自律、市场约束、信用监管模式转变。简化、整合投资项目报建手续。进一步推动简化包括施工图审查在内的工程报建审批事项和环节，在保障工程质量安全的前提下，切实降低工程建设时间成本。

二是加强政府投资统筹管理，强化政府投资补短板作用。推动政府投资计划全覆盖，优化投资计划编制和平衡衔接机制。科学编制政府投资三年滚动计划和年度计划，统筹管理财政建设资金。建立政府投资范围动态调整机制，根据新时代社会主要矛盾的变化和高质量发展要求，健全完善政府投资范围评估调整机制，不断优化政府投资的方向和结构。分类健全直接投资、资本金注入、投资补助、贷款贴息等资金安排方式的制度和机制，提高政府投资效益。

三是健全投资引导服务机制，促进投资结构优化。进一步完善投资项目资本金制度，更好发挥资本金制度的作用，实现促进有效投资和债务风险防范紧密结合、协同推进。进一步提升投资监测预测服务水平。积极将在线平台投资数据转化为服务型数据产品，加强投资项目信息汇总分析，强化对优化投资结构的信息服务引导作用。进一步提升在线平台建设应用力度。扩展在线平台功能，加快实现投资管理"一网通办"。推进在线平台政务信息向各方开放，特别是加快探索建立投融资在线对接平台，实现金融机构与项目单位的双向选择，畅通融资渠道。

四是健全投资项目监管执法体系，促进投资高质量发展。落实《政府投资条例》《企业投资项目核准和备案管理条例》有关要求，加强投资项目事中事后监管，推动建立投资项目属地化监管机制，明确监管内容、监管手段、处罚措施、罚则适用等内容，完善监管执法程序。针对企业投资项目未批先建、批建不符以及政府投资项目未批先建、边批边建、自批自建、违规超概算、违规调整概算等，组织开展监管执法实践，依法治理违法劣质投资活动，推动投资高质量发展。

五是持续激发民间有效投资活力、提高投资质量和效益。推动鼓励民间投资各项政策落细落地落实，纾解民营企业融资困境，加大减税降费力度，提升民营企业转型升级能力，不断优化营商环境，提振民间投资信心。不断破除民间资本进入重点领域的隐形障碍，继续规范有序推广政府和社会资本合作模式，支持民间资本采用政府和社会资本合作模式参与基础设施补短板项目建设。探索通过房地产信托投资基金等多种方式盘活基础设施存量资产，拓宽民间投资渠道。

第八章 稳预期：
坚持底线思维和战略定力

站在"两个一百年"奋斗目标历史交汇点上，在国内外形势错综复杂的情况下，必须坚持稳字当头，稳住预期，坚持底线思维，以稳应变，以进促稳，保持战略定力，推动经济总体向上、长期向好，迈向高质量发展。

第一节 信心比黄金更重要

俗话说，"基础不牢，地动山摇"。良好的预期将为国家健康发展打下坚实的基础，面对艰巨繁重的发展稳定任务，中央为何强调稳中求进，为何强调稳预期呢？

一、稳预期是稳增长进而推动经济高质量发展的重要前提

当今世界仍处在国际金融危机后的深度调整期。国际金融危机发生前的 10 年中，全球经济平均增长率大约为 3.1%，而危机后 10 年里，平均增长率降至 2.5%。全球经济贸易增长放缓，动荡源和风险点增多，

中美之间虽然达成第一阶段经贸协议，为逐步升级的摩擦赢得了喘息，但下一步执行效果如何仍有待观察。从国内形势看，我国正处在转变发展方式、优化经济结构、转换增长动力的攻关期，结构性、体制性、周期性问题相互交织，"三期叠加"影响持续深化，经济下行压力加大。面对经济下行压力加大的新趋势，很重要的工作是提振社会公众的预期，应该说，稳预期已经成为稳增长及高质量发展的重要前提。

只有稳住预期，引导市场主体理性认识我国经济发展的基本面，才能稳住经济增速，充分发挥我国经济发展的强大韧性，为我们应对新冠肺炎疫情等风险挑战打下坚实基础。从统计数据来看，虽然2019年全年经济增速达到6.1%，在世界主要经济体中名列前茅，但若分季度分析，四个季度分别增长6.4%、6.2%、6.0%和6.0%，反映出经济下行压力依然较大，需要引起高度重视并作出理性应对。其实，与世界上经济体量超过1万亿美元的经济大国相比，我国的经济增速依然是最快的；而且，我国经济体量与10年前相比已不可同日而语，每年的增量相当于一个中等发达国家的经济规模。2019年我国所有主要指标都符合预期、处于合理区间，这就是经济转向高质量发展的一个重要表现。只有稳住预期，科学判断我国经济发展规律和大势，进而形成理性预期，增强未来信心，才能采取正确举措，稳住就业。稳住了就业，居民收入才能持久稳定地增长，也才能持续拉动消费。我国已连续7年实现1300万以上人口就业，在就业规模持续扩大、结构不断优化的同时提升就业质量，经济稳定持续增长，迈向高质量发展自然有了更大的底气。

我国经济已由高速增长阶段转向高质量发展阶段。高质量发展体现在经济发展态势上，就是稳中向好、长期向好。坚定不移推动高质量发展，是我国经济发展的必然要求，也是坚定信心、稳定预期的治本之策。稳定的预期有利于激发市场主体的投资、居民的消费，进而实现稳就业、稳金融、稳外贸、稳外资、稳投资等目标，夯实高质量发展基础。当然，必须强调的是，稳预期不应仅仅关注某些经济指标一时的表现，更不能简单根据某些指标的涨跌而"头痛医头、脚痛医脚"，而应树立战略思维，增强战略定力，制定实施科学合理的政策举措，稳定市场主体的预期，确保经济增长稳定在合理的区间范围内，增强信心，推动经济高质量发展。

二、稳预期是决胜全面建成小康社会进而全面建成现代化强国的必然要求

全面建成小康社会是我们党提出的第一个百年奋斗目标，是我们党向人民、向历史作出的庄严承诺，也是 14 亿中国人民的共同期盼。2020 年是全面建成小康社会的收官之年，同时也是我们迈向更高奋斗目标——社会主义现代化强国的起始之年。我们务必增强信心，稳定预期，确保各项目标任务顺利实现。

总的来看，2019 年，我国圆满完成各项工作，经济总量稳步扩大，GDP 接近 100 万亿元，人均 GDP 达到 10276 美元，居民消费价格上涨 2.9%，居民人均可支配收入增速达到 5.8%，与经济增速基本持平。2019 年扶贫工作力度、深度和精确度都达到了新的水平，全国贫困县摘帽 340 个左右，有 1109 万农村贫困人口实现了脱贫。按现行贫困标准，2019 年年末，农村贫困人口降到 551 万人。这些目标的实现，为 2020 年最终全面建成小康社会奠定了良好基础。

面对波谲云诡的国际形势、艰巨繁重的改革发展任务，突然暴发的新冠肺炎疫情的影响，我们必须进一步激发市场主体的内生动力，稳定

社会各界预期，及时回应市场关切，增强市场主体的信心。把握好政策节奏和力度，共克时艰，抓重点、补短板、强弱项，做好 2020 年的经济工作。要坚定不移贯彻新发展理念，走高质量发展新路。坚持打赢精准脱贫、污染防治、防范化解重大风险三大攻坚战。确保民生特别是困难群众基本生活得到有效保障和改善，深化经济体制改革，确保全面建成小康社会目标圆满完成，建成高质量的小康社会。当然，全面建成小康社会是国家整体目标，实现这一目标是对全国而言的。到 2020 年实现国内生产总值比 2010 年翻一番，也是对全国而言的，并不要求每个地区都翻番，也不意味着不同地区、不同人群都达到全国平均水平。在此基础上，我们将开启全面建设社会主义现代化强国的新征程。

三、稳预期是提升国家经济治理水平进而推进国家治理现代化的应有之义

作为一个超大规模型国家，中国的治理是一个庞大复杂的系统工程，离不开稳定的、可预期的国家治理体系和治理制度。国家治理体系是在党领导下管理国家的制度体系。包括经济、政治、文化、社会、生态文明和党的建设等各领域体制机制、法律法规安排，即一整套紧密相连、相互协调的国家制度。经济工作是党治国理政的中心工作，经济治理水平是衡量一国治理水平的重要方面。对任何一国而言，预期管理都是至关重要的，没有稳定的预期，国家发展就失去了方向，百姓生活就失去了希望。党和政府如何引导预期、管理预期、稳定预期自然是履行其职能的应有表现。正是在党的坚强领导下，百姓的预期稳定，我们的制度优势才有效转化为国家治理效能，进而创造了经济快速发展和社会长期稳定的两大奇迹。

中国特色社会主义进入新时代，改革也从原有的以经济建设为中心进入深水区，涉及社会经济生活的诸多方面，无论是改革还是开放，无论是经济建设还是社会事业，都需要以"稳"为基础。如果不"稳"，改革开放就很难有序持续推进，甚至会引发各种风险。尤其是我国已经成长为世界第二大经济体，任何的社会动荡都会带来很大的损害。"稳预期"成为治理中首要关注的问题，只有"稳"才有"进"；失去"稳"，"进"就无从谈起。

从更长的时间跨度来看，我国治理的一大特点就是通过不断确立一个个目标来稳定预期，实质上是一种中国特色的预期管理。我们的长远预期目标是实现共产主义，现阶段的预期目标是实现中华民族伟大复兴。在2020年全面建成小康社会的基础上，再奋斗15年，基本实现社会主义现代化。届时，我国经济实力、科技实力将大幅度跃升，跻身创新型国家前列。在基本实现现代化的基础上，我们再奋斗15年，把我国建成富强民主文明和谐美丽的社会主义现代化强国。而在两个阶段各15年的发展战略中，我们又分为三个五年规划，正是这种长远目标、中期目标、近期目标的有效嵌套，稳定了民众的预期，我们才能不断迈上新的发展台阶。

第二节　稳预期的内涵和要求

稳预期，实质上是稳定全社会的信心。市场经济在一定程度上可称为"预期经济"，社会公众对于未来的预期如何，将会直接影响到投资和消费行为，一国的经济增长趋势和政策选择更是时刻牵动着社会各方的关注。从这个层面来说，信心比黄金更重要。面对新形势新任务新挑战，尤其要注重稳定以下四大预期。

一、稳住发展预期

中国已是世界第二大经济体，年均经济增速位居世界前列，对世界经济增长的贡献率更是首屈一指，最近几年都维持在 30% 左右。同时必须清醒地看到，我国仍处于并将长期处于社会主义初级阶段的基本国情没有变，我国是世界最大发展中国家的国际地位没有变，我们必须坚定对中国发展的信心，稳住发展预期。

习近平总书记指出："我国发展仍处于并将长期处于重要战略机遇期。"[①]中国经济稳中向好、长期向好的基本趋势没有改变。这种趋势既是现实的反映，也是未来的走向；既有牢固的基础，也有条件的支撑。从国际因素来看，和平与发展仍然是当今时代的主题，大国之间发生战争必将遭到世界人民反对，可能性极小；解决各种世界性难题需要加强国际合作，中国拥有解决世界性难题的强大能力和资源，作用不可替代；经济全球化是不可逆转的时代潮流，求合作、谋发展仍是世界各国的共同愿望；全球新一轮科技革命和产业变革迅速发展，创新成果不断涌现，中国在其中占有一席之地。中国市场的吸纳能力、消化能力独一无二，各国都想在中国寻找发展机遇。

从国内因素来看，至少具备以下四个有利条件。一是党的坚强领导和中国特色社会主义制度优势显著。以党的集中统一领导为显著优势的中国特色社会主义制度，把社会主义制度和市场经济有机结合起来，能够广泛调动各方面积极性，能够集中力量办大事，不断解放和发展社会

---

① 习近平：《在中央经济工作会议上的讲话》，《人民日报》2018 年 12 月 22 日。

生产力。二是长期建设积累的物质基础雄厚。我国粮食总产量世界第一，工业体系门类齐全、独立完整，220多种工业产品产量居世界第一，产业的协作配套能力强。基础设施日益完善，网络平台等新型基础设施也在快速发展。三是超大规模市场和内需潜力巨大。我国拥有14亿人口，有世界上规模最大的中等收入群体，市场规模位居全球前列。城乡和区域发展有差距，同时也是潜力所在。四是人力资源和人才资源红利丰厚。我国人力资源十分丰富，2019年劳动年龄人口为8.96亿人，就业人员7.75亿人，农民工总量为2.91亿人，受过高等教育和专业技能培训的人才超1.7亿人，这些高素质的人才加入劳动力市场，必将成为推动高质量发展、建设现代化经济体系源源不断的智力支撑和人才保障。总的来看，我国仍处于经济"后发优势"的集中爆发时期，正处在中国特色新型工业化、信息化、城镇化、农业现代化深度融合、同步发展的阶段，发展潜力巨大。

二、稳住市场预期

改革开放四十多年来，我国经济市场化进程不断深化，市场主体日趋多元化，截至2019年年底，已有1亿多市场主体，其中包括7000万工商户，3000多万企业，还有几百万户的农业专业合作社。面对数量如此巨大的市场主体，市场预期管理的难度也越来越高，这就需要我们更加注重加强与市场主体的沟通交流，让市场主体全面把握和理解政策意图，避免误判，防止出现各种恐慌情绪和异常波动。如2018年，受国内外环境变化影响，所谓的"公私合营论""民营经济离场论"等不当言论严重影响到民营企业的预期和信心。党中央及时召开民营企业座谈会，习近平总书记重申"两个毫不动摇"，强调"民营企业和民营企业家是我们自己人"，旗帜鲜明支持民营经济发展，才有效稳住了民营企业及企业家的信心。实践证明，只有及时消除影响预期的各种不利因素，才能打消企业家对经济预期的顾虑，引导民间资本在有关领域进行大胆投资，推进民营经济的持续发展。

当前，要稳定企业家长期发展良好预期，支持优质企业开展境内外投融资，切实增强企业家发展信心。要稳定民营企业的融资预期，创新更多市场化工具纾解民企的融资难题，有效控制企业融资成本。比如，继续深化金融供给侧结构性改革，增加制造业中长期融资，更好缓解民营企业融资难融资贵问题，让民营企业不再"失血、缺血、贫血"。在民营企业信用增级上，采取提供初始资金等方式积极调动专业化增信机构的积极性，调动金融机构自身主动化解信用风险的积极性，等等。要稳定资本市场发展预期，完善资本市场基础制度，推进创业板改革并试点注册制，加快新三板改革，健全退市机制，提高上市公司质量。要稳定防范化解金融风险预期，建设金融风险综合防控平台，逐步将所有金融业务纳入监测范围，促进信息采集和共享，及时识别重大风险隐患，提高突发事件处置效能。要管理好通胀预期，让相关信息更加公开透明，进而提振消费者与投资者的信心。尤其是面对新冠肺炎疫情，要严密监控各类与民生相关的生产生活资料价格波动情况，防止出现新一轮通胀。

三、稳住政策预期

通过宏观调控和具体政策效果的逐渐显现，让社会各界认清把握中国发展大势，坚定对中国经济前景应有的信心。

一是稳定财政政策与货币政策预期。积极的财政政策要大力提质增效，更加注重结构调整。政府要继续压缩一般性支出，重点保障国防、教育、三大攻坚战、关键核心技术攻关，落实好减税降费政策，支持基层保工资、保运转、保基本民生。稳健的货币政策要灵活适度，保持流动性合理充裕，货币信贷、社会融资规模增长同经济发展相适应，降低社会融资成本，增强人民币汇率弹性。

二是强化政策统筹协调。财政政策、货币政策要协同精准发力，就业优先政策要加大力度，同消费、投资、产业、区域等政策形成合力，消除政策之间不协调甚至"打架"的现象。更好发挥政策性金融作用，引导资金投向供需共同受益、具有乘数效应的先进制造、民生建设、基础设施短板等领域。

三是抓好政策措施落实。充分阐释政策实施的背景、目的、内容等，确保市场主体和社会公众充分了解政策、执行政策，从而有效引导稳定预期。此外，要准确把握政策节奏和力度。尤其是在经济下行压力加大的情况下，出台政策充分考虑其必要性和意义，必须把握好节奏和力度，避免不同部门政策效应的叠加抵消。例如，虽然去杠杆势在必行，但也应看到这是一个长期过程，不可一蹴而就，因此必须科学施策，在经济的稳步发展中逐步化解风险，更加公正客观地评价各项政策的实施效应。

四、稳住社会预期

稳住社会预期的关键在于及时回应社会关切，消除噪声杂音，稳住大家的信心。

一是稳就业。就业是民生之本。实施就业优先政策，把就业放在更加突出的位置，积极拓展就业空间，加强就业保障，确保实现就业预期目标。落实和完善高校毕业生、下岗失业人员、农民工、复员转业军人等重点群体就业政策，对就业困难人员实行托底帮扶，牢牢守住就业基本面，确保就业形势稳定，增强人民群众获得感、幸福感、安全感，保持社会稳定。

二是稳住房地产市场发展预期。坚持"房子是用来住的、不是用来炒的"定位，不把房地产作为短期刺激经济的手段，下决心解决好房地产市场问题。我国住房问题已由过去的总量短缺为主转变为结构性供给不足、质量相对较低。坚持因城施策，合理引导预期，整治市场秩序，坚决遏制房价上涨，加快建立促进房地产市场平稳健康发展的长效机制，推动房地产业高质量发展。

三是稳住打赢脱贫攻坚战的预期。脱贫是全面小康最大的"短板"，是必须完成的硬任务。2020 年，要继续集中兵力打好深度贫困歼灭战，围绕"两不愁三保障"目标，政策、资金重点向"三区三州"等深度贫困地区倾斜，落实产业扶贫、易地搬迁扶贫、生态扶贫、教育脱贫等措施，同时，要严把贫困人口退出关，脱贫标准既不能降低，也不能拔高，及时做好返贫人口和新发生贫困人口的监测和帮扶。要推动扶贫与扶志、扶智有机结合，变"输血"为"造血"，增强贫困地区的自我发展能力。

第三节　信心来自中国发展走势的
理性判断

稳预期，说到底就是稳信心，而信心来自对中国发展走势的理性判断，来自改革开放红利的不断释放，来自不断优化的营商环境。稳定预

期，需要坚持问题导向、目标导向、结果导向，当前需重点做好以下工作。

一、深化改革，建设高标准市场体系

只有坚定不移深化改革，才能提振市场主体信心，市场主体有信心了，才能不断增强内生发展动力，有效缓解经济下行压力，从根本上稳住预期。当前，我们要按照党的十九届四中全会精神的要求，进一步深化经济体制改革，坚持和完善社会主义基本经济制度，加快建设高标准市场体系。

一是完善产权制度。产权制度是市场经济的基础性制度。近些年来，我国产权制度建设虽然取得了长足进步，但仍存在一些不足，如知识产权领域侵权成本低、维权成本高、地方庇护重的现象仍然存在。因此，必须加快健全以公平为原则的产权保护制度，切实加强产权保护。按照习近平总书记要求，继续甄别纠正一批社会反映强烈的产权纠纷申诉案件，切实保护民营企业家人身安全和财产安全，增强民营企业信心。做到保护产权坚定不移，对侵权行为依法惩处，对错案冤案有错必纠。同时，探索科技成果产权激励机制，激发科技人员积极性、创造性。建立知识产权侵权惩罚性赔偿制度，加强企业商业秘密保护。

二是完善要素市场化配置。我国商品市场发育已较为充分，市场决定商品价格基本实现全覆盖。但毋庸讳言，我国要素市场发育滞后，要素流动存在体制机制障碍、市场决定资源配置范围有限、新型要素相关市场规则建设滞后等。我们应尽快推进要素市场制度建设，在全国加快推进土地、知识、技术、金融、管理、数据等重要领域的市场化制度建设。深化集体经营性建设用地入市改革，形成城乡统一的建设用地市场，积极稳妥推进宅基地"三权"分置改革，促进城乡要素双向流动。

三是健全市场规则。公平竞争是市场高效配置资源的前提，确立"竞争中性"原则，强化竞争政策的基础性地位，在要素获取、准入许可、政府采购和招投标等方面对各类所有制企业平等对待。改革完善公平竞争审查和公正监管制度，加快清理妨碍统一市场和公平竞争的各种规定和做法，切实发挥市场在配置资源中的决定性作用。

二、优化营商环境，激发民营企业发展活力

民营经济是我国经济制度的内在要素，也是稳预期的重要对象。据统计，民营经济对国家财政收入的贡献占比超过50%；占GDP比重超过60%；企业技术创新和新产品占比超过70%；吸纳的城镇就业占比超过80%，对新增就业的占比贡献超过90%。2019年，民营企业成为我国第一大外贸主体，民营企业进出口占我国进出口总额比重达到42.7%。可以说，民营经济稳了，全国经济发展也就稳了。近两三年来，民营企业发展遇到了市场的冰山、融资的高山、转型的火山三大困境，其原因既有经济因素，也有非经济因素；既有体制机制因素，也有政策执行因素；既有客观环境因素，也有主观认识因素。这些因素相互叠加、共同作用，使民营企业政策获得感不强、投资安全感不高、办事便捷感不佳。

一是继续深化"放管服"改革。世界银行《2020年营商环境报告》显示，我国营商环境全球排名跃升至第31位，比2019年上升15位。但在某些方面仍有不足，如分类排名获得信贷方面，2012年排名第67

位，2020 年下降至第 80 位了，这折射出我们的改革进度不及其他国家。要进一步缩减市场准入负面清单，推动"非禁即入"普遍落实。调研发现，"放管服"改革已有数年，许多企业反映"放"有余，"服"和"管"则不足。"放"是方向，但不能无原则、无标准，技术标准、环境标准等依然不可或缺。"服"与"管"的力度要加大，推进"证照分离"改革，加快解决"准入不准营"问题。深化工程建设项目审批制度改革，分类压缩审批时间。继续压减中央和地方层面行政许可。提升监管执法规范性和透明度。深化"互联网＋政务服务"，切实降低企业制度成本，稳定企业家信心。

二是营造民营企业发展的良好环境。习近平总书记 2018 年 12 月 18 日在庆祝改革开放 40 周年大会上指出："前进道路上，我们必须毫不动摇巩固和发展公有制经济，毫不动摇鼓励、支持、引导非公有制经济发展，充分发挥市场在资源配置中的决定性作用，更好发挥政府作用，激发各类市场主体活力。"①要毫不动摇地鼓励、支持、引导非公有制经济发展，营造各种所有制主体依法平等使用资源要素、公开公平公正参与竞争、同等受到法律保护的市场环境。要健全支持民营经济发展的法治环境，坚持科学立法、严格执法、公正司法，实现各种所有制经济权利平等、机会平等、规则平等。要完善构建亲清政商关系的政策体系。推动领导干部同民营企业家交往既坦荡真诚、真心实意靠前服务，又清白纯洁、守住底线、把握分寸，对庸政、懒政、怠政行为严肃追责，促进非公有制经济健康发展和非公有制经济人士健康成长。健全支持中小企业发展制度，对国有和民营经济一视同仁，对大中小企业平等对待，对民营企业鼓励和支持的态度要一以贯之，推动政策落准、落细、

---

① 习近平：《在庆祝改革开放 40 周年大会上的讲话》，人民出版社 2018 年版，第 29 页。

落实，多设路标、少设路障，彻底解决好执行中"最初一公里""中梗阻""最后一公里"的问题。

三是以供给侧结构性改革支撑民营企业发展。做好稳预期工作必须继续深化供给侧结构性改革，以改革应对各种不确定性因素带来的冲击，提振市场主体信心，形成稳定预期。要持续巩固"三去一降一补"成果，更多运用法治化、市场化手段，推动产能过剩行业加快出清，落实大规模减税降费措施，降低营商成本，加大补短板力度，让民营企业切实增强获得感。要增强民营企业活力。发挥市场在资源配置中的决定性作用，政府最大限度地减少对资源的直接配置，破除歧视性限制和各种"玻璃门""弹簧门""旋转门"，激发民营企业家的发展热情。要提升产业链水平。注重利用技术创新和规模效应形成新的竞争优势，支持民营企业加快技术改造和设备更新，让民营企业能够轻装上阵。要畅通国民经济循环。疏通科技创新和实体经济结合的障碍，疏通金融服务实体经济的障碍，有效缓解民营和小微企业融资难融资贵问题，实现创新、金融与民营企业发展之间的良性循环。

三、不断改善民生，满足人民对美好生活的需要

民生稳则预期稳，预期稳则社会稳。保障和改善民生不仅是实现生产消费良性循环，促进经济社会协调发展，更是满足人民日益增长美好生活需要的必由之路，也是我们党的初心和使命。

一是加大力度稳就业。2020年仍然面临较为严峻的就业形势，必须将稳就业作为各项工作的重中之重。在全社会树立鲜明的支持就业导向。完善和强化稳就业举措，努力稳定现有就业岗位，积极创造新的就业岗位，改善就业结构，提升就业质量。突出抓好重点群体就业工作，

做好防范规模性失业风险的政策储备和应对预案。

二是发挥消费的基础性作用。稳住就业就稳住了收入，而收入是消费的基础，稳定的消费又能创造更多的就业机会，形成良性循环。因此，需要创造条件提升居民的消费能力。进一步完善有利于提高居民消费能力的收入分配制度，增加低收入者收入，扩大中等收入群体，调节过高收入，清理规范隐性收入，取缔非法收入，实施居民收入倍增计划。进一步完善社会保障制度和政策，补齐公共服务短板，解除消费的后顾之忧。顺应消费从大规模排浪式模仿型向个性化差异化多样化升级的新趋势，促进实物消费提挡升级。加快完善农村消费基础设施，发展消费新业态新模式，促进线上线下消费融合，推动消费载体升级换挡，营造安全便捷的消费环境。

三是切实保障群众基本生活。实现全面建成小康社会的奋斗目标直接体现在民生改善上。因此，2020年必须确保民生特别是困难群众基本生活得到有效保障和改善。尤其是新冠肺炎疫情，更是凸显了我们在公共服务、保障民生方面的不足，需要加大补短板力度，消除民众的恐慌情绪，稳定预期。要发挥政府作用保基本，注意普惠性、基础性、兜底性，做好关键时点困难人群的基本生活保障。优化财政支出结构，兜住基本生活底线，确保2020年年底前全部实现基本养老保险基金省级统筹统支。坚决守住民生底线，确保养老金按时足额发放，加快推进养老保险全国统筹。确保工资、教育等基本民生支出，城乡低保要做到应保尽保，完善社会救助体系，有针对性地帮扶城乡无供养老年人、孤儿、残疾人等困难人群。通过解决好百姓最关心、最困难的问题，筑牢保基本、兜底线的民生保障网，让百姓对未来社会发展有信心，稳住预期。

四、发挥中央、地方两个积极性，提升大国稳预期能力

中国是世界上政府层级最多的国家，除了中央政府，还有省、市、县、乡四级地方政府及村集体自治组织。作为一个超大规模的国家，稳预期显然需要各级政府发挥各自的积极性、主动性。概言之，充分发挥中央和地方两个积极性。

一是维护国家法制统一、政令统一、市场统一。维护法制统一必须坚持依法治国，自觉遵守宪法、法律和行政法规。地方性法规和政府规章的制定应与上位法相统一，切实把地方立法权用好，使地方立法在贯彻执行国家法律法规、促进地方经济社会发展中充分发挥作用。维护政令统一必须认真贯彻党中央大政方针，落实党中央、国务院重大决策部署，执行国务院制定的行政法规、发布的决定命令、出台的具体政策。坚持和完善对地方各级贯彻落实重大决策部署的督察督导制度，坚决防止政出多门、各自为政，坚决反对上有政策、下有对策，确保令行禁止、政令畅通。维护市场统一应坚决反对地方保护主义，清理废除妨碍统一市场和公平竞争的各种规定和做法，维护全国市场体系的统一性。各级政府要正确处理政府和市场关系，认真落实权力清单、责任清单和市场准入负面清单制度，规范优惠政策，把握政策尺度，充分发挥市场在资源配置中的决定性作用，更好发挥政府作用，激发人民群众和各类市场主体创新创造创业活力。

二是加强中央宏观事务管理。加强知识产权保护，稳定创新预期。这是加快建设创新型国家的重要举措，既需要发挥地方积极性加强分级服务、激发创新活力，更需要中央层面加强宏观管理、区域协调和涉外事宜统筹。加强养老保险，稳定民生保障预期。在省级统筹基础上加快建立基本养老保险全国统筹制度，适当加强中央在这方面的事权，统一

政策尺度，对于加快形成保基本、兜底线、促公平、可持续的社会保障制度体系，促进基本公共服务均等化，更好地应对老龄化社会挑战具有重大意义。加强跨区域生态环境保护，稳定绿色发展预期。从国家层面进一步加大环境质量监测、环境保护督察和生态建设统筹力度，有利于推动环境保护城乡统筹、陆海统筹、区域流域统筹，有利于增强生态环境保护合力、落实生态环境保护责任、提升污染治理效能。

三是支持地方创造性开展工作。在新时代全面深化改革，稳定国家发展预期，必须坚持原则性与灵活性相统一、顶层设计与先行先试相协调，最大限度发挥中央和地方两个积极性。赋予地方更多自主权，就是要把直接面向基层、量大面广、由地方实施更为便捷有效的经济社会管理事项下放给地方，把地方切实需要也能够有效承接的事项下放给地方，特别是行政审批、便民服务，资源配置、市场监管，综合执法、社会治理等具体事项要逐级卞放，增强地方治理能力。支持地方创造性开展工作，就是要强化结果导向，把工作成效作为考核、督察、评价的根本标准，防止过度留痕、过多检查，切实为基层减负松绑；要强化容错机制，防止问责泛化，鼓励担当作为，支持地方围绕中央顶层设计进行差别化探索；要强化总结推广，及时把地方成功的改革经验和体制机制成果在面上推开。

四是建立权责清晰、财力协调、区域均衡的中央和地方财政关系。一要做到权责清晰，合理划分各领域中央和地方各级事权和支出责任。对那些关系全国政令统一、促进区域协调发展的重大事务管理权要集中到中央，由中央财政承担支出责任；对区域性公共服务事项，由地方履行事权和支出责任；对中央和地方共同事权，实行支出责任分担机制。二要实现财力协调，形成与承担职责相适应的财政体制。科学确定中央和地方税收分享比例，完善和优化财政转移支付制度，加大一般性转移支付力度，为各级政府履行事权和支出责任提供财力保障。地方政府要认真落实《中华人民共和国预算法》要求，强化预算约束和绩效管理，确保地方财政规范透明、注重实效、风险可控、可持续发展。三要促进区域均衡，稳步提升区域间基本公共服务均等化水平。加强中央财政对贫困地区、农产品主产区、生态功能区财力缺口的弥补，增强财政困难地区兜底能力，确保政权运转、民生保障和基本公共服务供给，使广大人民群众共享改革发展成果、不断增强获得感。

第九章 稳消费：
充分发挥消费的重要基础作用

消费关乎我国经济发展方式转变和人民对美好生活需要的满足程度，对深化供给侧结构性改革，迈向高质量发展的贡献巨大。尤其是居民消费结构不断升级，已成为应对外部环境变化的"压舱石"。瞄准我国社会主要矛盾发生的新变化，消除制约消费扩大和升级的体制机制障碍，做好稳消费这篇大文章，保障中国经济行稳致远。

第一节 当前消费总体形势

中国特色社会主义进入新时代，消费也正进入新时代。近年来，我国消费对经济发展的基础性作用显著增强，消费市场保持平稳较快增长，规模稳步扩大，结构持续优化，已成为世界最大单一消费市场、第一大网络零售市场。新时代我国消费呈现许多新变化、新特点。

一、消费对经济增长的贡献日趋突出

消费是经济增长的根本和基础，也是拉动经济增长的主要推动

力。2013—2019 年，最终消费对经济增长的贡献率分别达到 47.0%、48.8%、59.7%、66.4%、58.8%、76.2% 和 57.8%，消费已经成为我国经济增长的主要动力、产业变革和商业模式创新的主导力量。但若从国际范围来看，我国最终消费率明显偏低，近十年来我国最终消费率平均在 60% 左右，世界各国最终消费率的平均水平保持在 75% 上下，相差 10 多个百分点，这从另一个侧面反映出我国消费有较大的提升空间，充分发挥其潜力将对经济增长作出更大的贡献。我国拥有世界上最大规模的中等收入群体，他们既是重要的消费力量，也是中国经济未来增长重要的动力源泉。同时，我国城镇化进程仍未结束，与发达国家平均水平相比还有较大差距。据测算，城镇化率每提高 1 个百分点，将拉动消费增长近 2 个百分点。

二、消费结构持续升级成为"新常态"

改革开放初期，我国社会的主要矛盾是人民日益增长的物质文化需要和落后的社会生产之间的矛盾。我国经济从短缺起步，形成一波接一波的消费浪潮，从纺织衣物等日用消费品到家电消费，从电子产品消费到汽车消费，这种排浪式模仿型消费有力地拉动了经济的持续增长。中国特色社会主义进入新时代，人均 GDP 已达到上中等国家水平，大规模排浪式模仿型消费阶段基本结束，个性化、多样化消费渐成主流，消费升级态势更加明显，中高端消费需求不断释放，消费发展进入新阶段。2019 年，我国居民恩格尔系数已降至 28.2%，比 2018 年下降 0.2 个百分点，表明对于食物等生活必需品消费的比重在走低，食物支出之外的更高层次的教育文化、健康旅游等消费的比重在不断升高。我们要解决的社会主要矛盾是人民日益增长的美好生活需要和不平衡不充分的发展之间的矛盾。其中，满足人民不断升级、多样化、个性化的消费需求自然是其应有之义。近些年来，我国的消费结构在发生明显变化，居民消费正从传统的"有没有""价格便宜不便宜"向"好不好""性价比是否高"转变。概言之，我国居民消费正从生存型消费向享受型消费升级，从传统消费向品质消费升级，从物质型消费向服务型消费升级。消费结构升级是顺应社会主要矛盾变化，满足人民美好生活需要的必然选择。企业如果通过产品及服务创新，为居民提供更加新颖、多样化、个性化的消费产品及服务，将实现居民生活质量提升和企业发展的双赢。

三、服务消费需求旺盛、供给不足

消费进入新时代，我国居民服务消费需求日趋旺盛。近年来，我国居民消费支出中，服务消费比重每年提高约 1 个百分点。教育、健康、医疗、文化、旅游、信息等领域的消费已成为人民最迫切的美好生活需要。据统计数据显示，2018 年全年国内旅游达到 55.4 亿人次，2019年全年国内旅游约 58 亿人次，同比增长 4.7%。2018 年出境旅游达到1.55 亿人次，2019 年出境旅游超过 1.4 亿人次，连续多年成为全球最大出境游客源国。目前，包括旅游、文化、体育、养老、家政等在内的服务消费已经占到了国内居民消费支出比重的 40% 以上。2019 年，全国居民人均服务性消费支出占全国居民人均消费支出的比重为 45.9%，比2018 年提高 1.7 个百分点。但毋庸讳言，我国服务领域的供给与人民的需要并不匹配，幼儿教育、看病难看病贵、养老等既是民生痛点，也是消费堵点。我们应根据社会主要矛盾的变化，扩大消费、增加有效供给，大幅度放宽市场准入，扩大电信、医疗、教育、养老等服务业开放，这不仅能够有效应对外部环境变化所带来的不确定性，也能够满足人民日益增长的美好生活需要，推动我国经济发展行稳致远。如果未来5—10年，14亿人的服务型消费占比接近或达到50%左右，将会产生数十万亿元的消费需求，成为产业变革的重要推动力量，为中国经济迈向高质量发展创造出更大的需求。

四、消费已成为应对外部压力的"压舱石"

众所周知，投资、消费与出口是拉动中国经济增长的"三驾马车"。在相当长时期内，货物和服务净出口在我国经济增长中扮演着重要角色。在个别年份，货物和服务净出口对 GDP 增长的贡献率甚至超过80%。但我国面临的外部环境正在发生明显变化，国际政经格局深刻调整，世界大变局加速演变，全球动荡源和风险点显著增多，世界经济不稳定不确定因素明显增加。未来一个时期，经济全球化面临新挑战、呈现新特征，低增长、低通胀、低利率态势仍将延续，高负债、老龄化、结构性改革迟缓、收入差距扩大等结构性问题对中长期可持续增长制约较强，世界经济复苏面临诸多挑战，我国经济下行压力加大。我国企业面临的外部环境日趋严峻，作为世界上最大的货物贸易出口国，我国净出口存在诸多不确定性，面临的冲击可能会进一步增大，这在一定程度上影响我国经济目标的实现。在出口对经济拉动的贡献不断下降的情况下，消费对经济增长的基础性作用越来越大，这对我国经济保持中高速增长显得尤为重要。我国社会消费品零售总额由1952年的277亿元增加到2019年的40多万亿元，年均增长率超过11%，消费正逐渐成为中国经济稳定运行的"压舱石""顶梁柱"。作为一个经济大国，我国经济韧性强、回旋余地大，如果能够持续做好稳消费这篇大文章，将有助于增强我国经济的抗压能力，助推经济平稳运行，稳步迈向高质量发展之路。

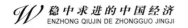
第二节　制约扩大消费需求的瓶颈和短板

扩大消费需求，培育新的消费形态和消费产业，加快释放大国消费红利，是我国经济增长的主要动力，也是迈向高质量发展的重要途径。但是，受国内外多重因素叠加影响，目前我国还存在着诸多制约居民扩大消费的瓶颈和短板。

一、供给侧服务业发展滞后使消费产品供给较为单一

服务业不仅是就业的最大容纳器，也是提升居民消费需求的第一引擎。统计公报数据显示，2019 年，我国第一产业增加值占国内生产总值的比重为 7.1%，第二产业增加值比重为 39%，第三产业增加值比重为 53.9%。虽然第三产业增加值占比超过了第二产业，但相对发达国家而言，我国第三产业尤其是服务业产值占比还较低，服务业整体发展水平还比较滞后。具体来说，养老、健康、旅游、文化、信息等服务业还有很大的发展提升空间，与发达国家相比，我国这些产业的培育才刚刚起步。由于第三产业尤其是服务业产业的发展相对滞后，使得我国服务消费产品尤其是发展型服务消费产品较为单一，消费结构层次较低，这些因素制约了消费需求的总量扩大和新消费热点的结构提升。

二、劳动者报酬所占比重较低导致消费有心无力

收入是居民消费需求的决定因素，消费需求随居民收入总量和收入结构的变化而变化。按照收入法核算国民生产总值，主要包括劳动者报

酬、生产税净值额、固定资产折旧和营业盈余四个部分，其中劳动者报酬即为居民可支配收入的最重要来源，其份额大小直接关系到我国扩大消费需求的政策措施能否有效落地。国家统计局的历年数据表明，近二十年来，我国劳动者报酬所占比重呈现出明显的下降趋势。1995 年，我国劳动者报酬所占比重为 51.1%，而到 2012 年这一数值仅为 45.2%，下降了近 6 个百分点，近年来虽有增长，但远未达到足以改变劳动报酬长期偏低的程度。此外，知识、技术参与收入分配的机制尚不完善，资本市场不稳定，投资性收入比重不高等。总的来看，在"经济蛋糕"总量做大的前提下，居民所分得的"蛋糕"比例却越来越小，这就必然会扩大国民收入分配差距，使得消费倾向较高的低收入者因消费能力不足而导致宏观消费总需求不足。同时还必须看到，近年来随着房地产市场发展，我国居民大规模加杠杆，居民杠杆率持续上扬，储蓄率逐年下降，这在一定程度上也抑制其消费潜力的释放。

三、政府公共服务供给相对不足抑制居民的消费预期

居民的实际消费支出与消费预期密切相关，稳定的消费预期能够有效地拉动消费。当前，由于政府在教育、医疗、住房保障等公共服务供给水平整体较低，尤其是覆盖城乡居民的社会保障体系在覆盖面、统筹性、协调性、可持续性等方面水平不高，直接降低了我国居民的消费预期与消费倾向，不利于释放居民消费需求潜力。在政府对公共服务供给不足的情况下，城乡居民不敢消费，只能通过增加储蓄、压低消费的途径来增强未来心理保障和消费预期，这就会显著地降低即期消费，导致国内消费需求增长乏力。还要看到，突发的新冠肺炎疫情也折射出我国公共医疗卫生服务领域的不足，为应对疫情所采取的举措对 2020 年第

一季度的消费也造成了一定的影响。

四、市场信用与消费监管机制不完善引致消费安全问题

市场经济是一种信用经济，良好的市场信用与消费监管机制是提高居民消费预期的重要因素。近年来，在我国消费市场上，地沟油、毒馒头、"镉大米"事件、"塑化剂"事件等食品安全问题频发，如 2018 年 8 月爆发的长春长生疫苗事件更是引发了全社会的焦虑。一方面，暴露出我国现代社会信用体系建设滞后，生产经营者的失信成本很低，使得失信者总会铤而走险；另一方面，凸显出我国政府对消费监管的体制机制还没有建立起来的弊端，失信者的违法行为没有得到严厉的惩罚。正是由于当前我国市场信用与消费监管水平还比较低，劣质商品和服务充斥市场，使得普通消费者往往不敢消费、不愿消费、不能消费，非常担心因为当期的消费引来潜在的消费安全问题，使得人身和财产蒙受损失，从而制约了我国消费需求总量的增长和消费需求结构的转型升级。

五、促进居民消费的体制机制有待完善

发挥居民消费在经济增长中起决定性作用的基础，是要建立竞争有序、统一开放的现代市场体系。近年来，已陆续出台了《国务院关于促进健康服务业发展的若干意见》《国务院关于加快发展养老服务业的若干意见》《国务院关于促进信息消费扩大内需的若干意见》《中共中央 国务院关于完善促进消费体制机制 进一步激发居民消费潜力的若干意见》等一系列政策措施，但在实践中，依然存在着医疗、社会保障等公共服务消费产品进入门槛高等体制机制的制约因素，影响了我国潜在

消费需求向现实增长动能的转化。

第三节　不断释放居民消费潜力

面对 2020 年的新变局新形势新挑战，我们应紧扣我国社会主要矛盾变化，从满足人民的美好生活需要出发，精准施策，破解深层梗阻，不断释放消费潜力，充分发挥消费在中国经济发展中的基础性作用，增强经济韧性，助力经济平稳发展。

一、稳步提升居民消费实力

扩大消费既需要增加民生产品和服务的有效供给，满足居民潜在的高品质消费需求；又需要稳步提升居民收入水平，促进中低收入群体增收，补齐民生短板，进而增强居民的消费意愿。

一是积极扩大就业。就业是民生之本，收入之源，消费之基。应把稳定就业放在更加突出位置，2020 年，我国高校毕业生高达 800 多万人，中职生约 500 万人，留学归国人员约 40 多万人，都是新增劳动力的主力人群，他们的消费观念、消费意识超前，解决好这部分人的就业问题，将会提高家庭总收入，提升即期消费能力。必须将更高质量和更充分就业放在优先位置，深入落实完善积极就业政策，加强全方位公共就业服务，满足不同群体的就业需求，强化对有就业能力的就业困难群体的扶持。完善科学合理的工资水平决定机制及正常的工资增长机制。多渠道提高中低收入居民的收入水平，夯实居民消费的物质基础。

二是形成高质量收入分配体系。贯彻落实党的十九届四中全会精神，坚持按劳分配原则，完善按要素分配的体制机制，探索知识、技术、管理、数据等参与分配的体制机制，建立城镇职工工资增长与通货膨胀挂钩的长效工资制度，促进城市居民收入增长。当前的重点有二：一方面，扩大中等收入群体。我国中等收入群体仅占四分之一，远未形成橄榄型社会结构。中等收入群体面临沉重的教育、医疗、养老、住房等负担，普遍存在焦虑感，不敢消费。通过落实重点人群增收政策，降低企业税费、养老医疗负担等举措释放其消费潜力，稳定消费预期。另一方面，多渠道促进农民增收。2019 年城镇居民人均可支配收入和人均消费支出分别是农村居民的 2.64 倍和 2.11 倍，差距就是潜力。增加农民收入，既是实现共同富裕的必然要求，也是稳定消费的有力举措。深化农业供给侧结构性改革，加快农业结构调整，让农民在农业功能拓展中获得更多收益。积极发展专用粮食和蔬菜、畜牧水产等高收益产业，促进农产品更新换代，提高产品附加值。加快特色产业基地建设，做大做强龙头企业，健全营销网络，提升农业产业化经营程度，带动农民增收。加快农村富余劳动力转移，增加农民家庭工资性收入。促进农民在耐用消费品、文化娱乐、交通通信、绿色环保等方面的消费，不断提升农村消费结构、层次和水平。

三是完善社会保障体系，稳定居民消费预期。政府要提升公共产品的供给能力，加快推进基本公共服务均等化。按照"房住不炒"理念推进住房制度改革，加快建立多主体供给、多渠道保障、租购并举的住房制度，实现住有所居。全面实施全民参保计划，加快建成覆盖全民、城乡统筹、权责清晰、保障适度、可持续的多层次社会保障体系。合理确定支付水平，使社会保障水平同经济发展水平相适应。扩大筹资渠道，实现社会保障基金来源多元化。强化社会保险基金征缴和监督管理，多措并举增强基金长期平衡能力。继续提高退休人员基本养老金、失业人员失业保险金、城乡居民基础养老金和医保财政补助水平。通过织密织牢民生兜底保障安全网，解除居民消费后顾之忧。

四是实行差异化的消费刺激措施。针对不同的收入群体，实施差异化的消费激励措施。高收入群体对价格不敏感，更关注产品品质、品牌和服务体验，可在教育健康医疗、文化旅游等领域引导其加大消费力度。调查显示，2017年中国游客境外旅游平均支出5565美元，且其中购物消费占支出总额的25%左右，而其他国家游客境外购物仅占总消费的15%。应顺应居民消费需求，落实降低汽车、日用消费品进口关税政策，引导高收入群体在国内消费，将在境外的巨额消费转移一部分至国内。根据收入水平和消费能力的变化，重新核定奢侈品的范围和含义，降低或取消部分生活必需品的消费税，满足中高收入群体的消费需求。中等收入群体应侧重创造更为宽松的环境，发挥市场引导作用，激励其敢于消费、乐于消费。低收入群体，应侧重提供兜底性保障，消除其后顾之忧，保障其消费利益，提供更多的基本公共服务如教育医疗等，从而提升其消费能力。针对学生群体，可借鉴"学生奶计划"，加大对"农村学生营养改进计划"的投入力度。

二、优化刺激居民消费的公共经济政策

扩大居民消费，政府要转变职能，合理运用公共经济政策，提高鼓励消费政策的针对性和有效性。一是完善有助于促进消费的税收体系。通过提高边际消费倾向较高的中低收入阶层的实际可支配收入扩大消费需求。加快推进间接税改革，通过降低间接税负促进消费价格的下降以扩大消费需求。降低以食品为主的生活必需品的增值税税率，扩大中低收入阶层的消费能力。继续优化关税政策，降低国内需求旺盛消费品的

进口关税，引导境外消费回流。适度增设口岸的进境免税店，扩大免税商品品种、提高购物限额等。鼓励消费的财政补贴机制，为鼓励居民低碳消费、绿色消费，促进消费结构升级，提高消费质量，政府应建立对节能、环保、循环利用、健康产品消费的长期补贴机制，加大财政补贴力度，鼓励居民合理的消费行为。

二是建立消费促进基金。政府财政资金的支持既要发挥引导、激励作用，引导合理消费、绿色消费、健康消费、安全消费，鼓励环保、节能、循环再利用以及新能源等新兴产业的发展，推动品牌建设、产业结构升级、政银企合作，又要遵循非均衡原则，扶持弱者，使低收入群体获得基本生活来源，能够享受基本的公共服务和社会保障权益。消费促进基金可由中央政府和地方政府共同设立，以中央财政为主。对于东部地区，由于东部地区经济相对较发达，中央和东部省市之间可以按4∶6的比例出资，在中部地区，中央和地方财政可以按5∶5的比例出资，而在西部地区，中央与西部地区可以按6∶4的比例出资。

三是出台物流企业发展支持政策，降低物流成本。中国商品价格的很大一部分由流通成本构成。据有关部门统计，中国物流总费用占国内生产总值比重约为14%左右，比美国、日本等国家高出近一倍。物流成本被转嫁到最终消费中，既推高了商品价格，又减少了社会福利。要降低企业设立成本，减轻物流企业税负，加强土地政策支持，降低路桥费，提升物流企业服务居民消费的能力。

三、以供给侧结构性改革提升服务消费能力

教育、健康、养老、文旅等消费既是消费热点，也是民生"痛点"。应将供给侧结构性改革作为扩大消费工作的主线，培育新增长点、形成

新动能。

一是规范和引导教育消费。教育不仅是消费，还是重要的人力资本投资。教育消费支出在家庭支出中居于重要地位。现行教育供给远不能满足人民对教育的需求。应深入挖掘人民群众教育消费新需求，将其转化为消费新态势。政府应加大财政投入力度，增加优质教育供给的数量和种类，扩大优质教育的惠及范围和服务针对性，发展公平而有质量的教育。鼓励有条件的省市推行 12 年制义务教育，尽快在全国普及 12 年制义务教育。大力发展高水平职业教育，减免学费并设立奖学金，培养大批高技能人才，教育费附加、地方教育附加费用于职业教育的比例不低于 30%。企业要依法履行职工教育培训和足额提取教育培训经费的责任，一般企业按照职工工资总额的 1.5% 足额提取教育培训经费，从业人员技能要求高、实训耗材多、培训任务重、经济效益较好的企业可按 2.5% 提取，其中用于一线职工教育培训的比例不低于 60%。职业学校按规定收取的学费实行收支两条线管理，地方各级财政部门要确保全额返还职业学校。严格控制公立大学的收费标准。支持民办教育，鼓励私人和企业捐资助学，加大社会投资力度。促进教育资源配置的均等化。推动中外合作办学，建设一批高水平、示范性机构与项目，让学生能够实现"不出国的留学"。

二是着力发展健康消费。健康是促进人的全面发展的必然要求，也是经济社会发展的基础条件。随着我国居民收入水平和受教育程度的提高，消费结构升级步伐加快，人们对生活质量的要求同步提高，健康产业已成为具有巨大市场潜力的新兴产业。具体来说，健康产业包括医疗产品、保健用品、营养食品、医疗器械、保健器具、休闲健身、健康管理、健康咨询等多个与人类健康紧密相关的生产和服务领域。笔者认为，中国健康产业必将成为国民经济的重要支柱之一。我们应把握健康消费新趋势，提供全生命周期的卫生与健康服务，让健康产业成为拉动内需的新增长点。引导和支持健康产业加快发展，进一步放宽市场准入，优化社会办医环境，推动医疗卫生与互联网深度融合，加快推动互联网健康咨询、智能健康养老服务等应用发展。加快构建健康医疗大数据产业链，有序推进健康医疗大数据科技成果转化。尽快在全国推行医保异地直接结算，推动抗癌药降价、短缺药品供应保障工作，更好满足人民群众对健康产品和服务的高层次需求。

制定发展体育产业促进体育消费的具体措施，吸引社会资本参与体育设施建设，激发并满足居民对体育消费的需求。打造体育产业园区、体育特色小镇和体育综合体等，促进体育产业发展。盘活体育场馆资源，政府建立补贴制度，促进公共体育场馆应低收费乃至免费开放，推动全民健康和全民健身深度融合。

三是着力促进养老服务消费。截至2019年年底，我国60岁以上老年人口达2.54亿人，占总人口的18.1%，其中65岁以上老年人口1.76亿人，占总人口的12.6%，与世界其他国家相比，我国老年人口数量最多，老龄化速度最快，应对老龄化任务最重。"老龄化时代"的到来，与老年人相关的产品、服务将形成很多新的经济增长点，将进一步释放健康养生等产业的市场需求。如老年人的医养服务、长期照护、康复器具等，产业发展潜力很大，都有广阔的市场前景。据测算，仅仅是基本型辅具的需求每年就高达6万件，价值上万亿元。应助推养老服务消费尽快成长为国民经济重要支柱产业，增加优质养老服务供给，建立提升养老机构服务质量的长效机制。推进医养结合，建立健全医疗卫生机构与养老机构合作机制，支持养老机构开展医疗服务，支持整合改造闲置社会资源发展养老服务。健全特困老年人救助供养制度，尽快启动"老年人健康改善计划""老人保健消费计划"，提升老年人养老服务消费能力。

四是有效激活文旅消费。当居民生活水平达到一定程度后，差异化、多样化的精神需求自然迅猛增长，文化消费的空间及市场随之扩大。我国文化产业增加值占 GDP 比重已超过 4%，2018 年全国居民人均教育文化娱乐消费支出为 2226 元，占全部支出的 11.2%，表明文化产业对扩大内需正发挥越来越重要的作用。建议开展文化消费提升行动，打造网络化、多功能的文化消费聚集区，加快特色文化产业配套要素建设，健全完善文化旅游产业发展激励机制，鼓励文化产品与服务供给创新，增强文化消费者的获得感和幸福感。支持基层影院建设，满足居民日益增长的观影需求。推动旅游与产业发展、基础设施建设融合发展，在条件成熟的地区推动"全域旅游"发展，建设一批"全域旅游示范区"和旅游特色小镇。积极推动休闲养生、研究学习类旅游项目。发展假日经济，恢复"五一"七天长假制度，这样人们出行的时间更长。建立健全强制性带薪休假制度。

四、培育助力居民消费的新理念新模式新业态

近年来，消费领域涌现出来的新理念新模式新业态，既为群众提供了丰富、多元的消费体验，也推动了消费的升级迭代。要增强品牌意识，提供高质量产品和服务，以供给创新充分释放消费市场潜能。深入推进"互联网＋"行动，促进互联网与经济社会各领域的融合创新，推动电子、纺织、医药、建材等传统产业向高端化发展。制定发布信息消费发展指南，创建国家信息消费试点示范城市，推动智能家居、虚拟现实、可穿戴设备、区块链等热点产品及服务创新研发。研究制定支持网络消费发展的政策措施，编制基于网络消费发展的商业发展规划，重点

对商业零售业态、布局和结构进行重新考量。强化物流配送体系的建设和完善，构建符合网络消费发展需要的物流支撑服务体系，提高流通效率，破解电子商务的物流瓶颈，助力网购、快递健康发展。整合商业设施存量资源，以国家"互联网＋"战略为基点，推动"互联网＋零售"深入发展，引导线上与线下企业融合发展，实现相互渗透、优势互补。大力发展新零售，支持网络零售平台做大做强，鼓励引导金融机构为中小网商提供小额贷款服务，推动中小企业普及应用电子商务。加强农村网点建设，大力发展农村电商。

转变消费理念，引导和鼓励绿色消费，加快建立绿色生产和消费的法律制度和政策导向，引导流通企业扩大绿色商品采购和销售，增加绿色消费品有效供给，加快推动消费向绿色转型。控制奢侈浪费和不合理消费，倡导简约适度、绿色低碳的生活方式，加快节能与绿色标准化建设，创建绿色家庭、绿色社区与绿色学校。

五、营造保障居民消费的良好环境

良好的消费环境是释放居民消费潜力的有效保障，尊重消费发展规律，创造环境引导居民扩大消费。切实加强对食品、药品、工业产品和消费品市场监管，严厉打击假冒伪劣，营造让人民群众放心的市场消费环境，让居民放心消费。发展夜间经济，鼓励主要商圈和特色商业街与文化、旅游、休闲等紧密结合，适当延长营业时间，打造夜间消费场景和集聚区，完善夜间交通、安全、环境等配套措施，提高夜间消费便利度和活跃度。建立市场监管部门，严格监督、控制源头、社会举报、定期检查、法律惩办甚至勒令企业停产相结合的系列监管体制，从立法角度扭转当前社会急功近利的浮躁心态，建立健全失信黑名单制度，保护消费者安全，改善消费环境，为消费需求持续快速增长保驾护航。完善网络消费、电子商务领域法律、法规和规范体系，加强网络平台经营监管，实现网上网下立体化全覆盖，营造健康、安全、有序的发展环境。旅游消费方面，落实好《国民旅游休闲纲要（2013—2020 年)》，打击强迫购物消费等行为，持续优化旅游消费环境。家政服务方面，要及时查处家政服务企业无证经营、虚假宣传等违法行为，完善纠纷处理机制。建立从生产到流通的全程追溯体系，实现跨部门跨区域追溯信息的互联互通。加强消费基础设施建设。加快改造升级光纤宽带网络，实现高速宽带城乡全覆盖，加大网络提速降费力度，明显降低家庭、企业宽带费用和专线使用费。努力增加大城市公共产品供给。加快城市道路、地铁、供电、供水、供气等公共基础设施建设，为汽车等相关服务业大规模的消费增长创造条件。

第十章　控疫情：
积极应对新冠肺炎疫情影响

　　2019 年年底、2020 年年初，我国大规模暴发了新冠肺炎疫情。截至 2020 年 2 月 20 日 24 时，累计确诊病例高达 75465 例，累计死亡 2236 人，累积确诊病例过千的省份达到 5 个。经过艰苦努力，疫情防控工作取得积极成效。突如其来的疫情给中国经济带来了新的不确定性。科学研判疫情对我国经济的影响，正确认识疫情防控中暴露出来的问题，抓住危中之机，继续深化供给侧结构性改革，统筹兼顾控疫情、稳经济、促发展大局，确保 2020 年全面建成小康社会和脱贫攻坚等各项目标的实现；充分释放增长潜力和发展势能，推动高质量发展，为全面开启社会主义现代化强国建设奠定了坚实基础。

第一节　新冠肺炎疫情对经济的影响

　　本次疫情扩散速度快、病毒传染性强、感染人数多、扩散区域大。疫情对经济的影响已经显现，特别是对 2020 年第一季度经济的冲击更加明显。但现在要精确量化影响还为时过早，疫情对经济的影响将主要取决于疫情本身，即其持续的时间和传播范围，目前国内疫情防控形势持续向好，生产生活秩序加快恢复。由于存在不确定性，此时预判疫情对经济的影响变得十分必要，也是应对疫情及经济发展所需要的。

一、预判疫情对经济的影响需要充分考虑三个因素

科学分析疫情对中国经济的影响，要充分考虑各种情况，既不能过分悲观也不能过于乐观，要持客观理性的态度，要充分考虑三个方面的因素。

一是要充分考虑疫情的扩散情况。疫情对中国经济影响的最主要因素取决于疫情持续的时间、传播的速度和传播的范围。疫情持续时间不一样，对经济的影响也就不一样。[①] 如果疫情持续时间短，那么影响比较大的主要是服务业；如果疫情持续时间相对较长，那么对制造业和农业也会造成大的冲击。疫情持续时间越短，对经济的影响就越小，疫情持续时间越长，对经济的影响就越大。因此，在预判疫情对经济的影响时，这是首先要考虑也是主要要考虑的因素。同时，在分析时既要考虑当前的影响，也要考虑疫情持续时间较长期的情况，做好底线思维。

二是要充分考虑政策情况。既要考虑政策的选择，也要考虑政策实施的效果。这里的政策既包括应对疫情本身的举措，也包括应对经济所受冲击的政策。目前，在党中央的坚强统一领导下，在各地政府和工作人员的努力下，疫情防控已经取得成效，不少省份新增确诊病例开始持

---

① 截至目前，疫情已经扩散至全国31省、自治区、直辖市，传播范围对经济的影响已经基本形成，在目前全国严控把防下，进一步扩散的可能性已不大。下一步，决定疫情对经济影响的主要因素是持续时间。

续减少，疫情凶猛蔓延的势头已得到遏制，不少地区、行业也已经开始有序复工复产。这说明截至目前的应对是有效的，但也不能掉以轻心，对于病毒来源、传染源、传播途径以及病毒变异情况尚未完全研究清楚。同时，疫情对宏观经济运行产生一定影响，对于当前造成的问题和下一步的影响要做好研究，做到心中有数，积极应对。特别是在目前疫情还未得到完全控制的情况下，要处理好疫情防控和经济发展的关系，既要有所作为，又要风险可控。

三要充分考虑我国经济发展的阶段与特点。目前，在分析新冠肺炎疫情对经济的影响时，不少学者拿2003年"非典"疫情对当时经济影响的情况，对本次疫情进行推演。这具有一定的合理性，但一定要考虑两者的差异，特别是经过近二十年的发展，我国的经济实力、经济结构、发展环境以及应对能力等都已发生重大变化，这些变化对疫情本身及疫情对经济的影响会有不同的作用，这些都要给予充分的考虑。比如，与2003年相比，我国目前的交通情况已经有了很大的变化，高铁有了很大的发展，这极大地方便了出行，但也为疫情快速扩散提供了条件。经济结构也发生了很大的变化，2003年服务业在GDP中的占比只有41.2%，目前已高达53.9%，而疫情目前影响最大的就是服务业。此外，经济动力因素也发生了很大变化。2003年，中国刚刚加入世贸组织，国内城镇化开始加速发展，外贸和房地产业成为中国经济增长的两大强劲动力，足以弥补"非典"对经济的影响。目前，我国经济发展动力正处于新旧动力转换期。现阶段，我国的经济实力、物质基础、应对突发事件和各种风险的能力等也都比2003年明显增强，这使得我们完全有能力、有信心把疫情对经济的影响降到最低。

二、疫情对经济的影响

对于当前疫情对经济影响的总体判断：疫情对中国经济已经造成了一定影响，如果不及时控制住，影响会逐步加大，2020 年第一季度的经济增速会下跌。但在中央的坚强统一领导和各地严格防控下，对经济不会产生长期影响，更不会改变我国经济基本面。

疫情对宏观经济的主要影响。目前，疫情对消费、投资、外贸、物价、就业等都已产生影响，但影响程度不同。受冲击最大的是消费。尤其是对交通运输、文化旅游、酒店餐饮、影视娱乐等影响较大。对投资的影响有限。由于春节假期及节前节后的假期影响，短期内对投资的影响较小，但受疫情影响，不少经济活动会受到限制，投资项目前期报建手续可能推迟，投资活动可能会放缓步伐，对外贸会造成一定影响。2020 年 1 月 31 日，世界卫生组织（WHO）将此次新冠肺炎疫情确认为"国际关注的突发公共卫生事件"，但不建议对中国实施旅行和贸易限制。但为了防止疫情扩散，已经有一些国家对中国采取了措施，比如，在出入关口增加检疫环节、暂停来往中国的航班等等。另外，受疫情影响，国内经济活动也会受限，这些都会影响外贸，但影响较小。短期内物价上涨压力加大。国家统计局 2 月 10 日发布数据显示，1 月 CPI 同比上涨 5.4%，创下 2011 年 11 月以来新高。受疫情影响，2 月 CPI 可能将继续在高位徘徊，随着疫情的稳定和消退，CPI 会逐步回落。短期内就业会受到重大影响。目前受冲击较大的餐饮、旅游、酒店、娱乐等多是吸纳就业能力较强的行业，再加上 2020 年的就业形势本就不太乐观，受疫情冲击，就业形势会十分严峻，这个需要引起高度重视。

疫情对行业的主要影响。目前，餐饮、旅游、电影、交运、教育培训、房地产业等受冲击最大。据商务部监测，2019 年除夕至正月初六，全国零售和餐饮企业实现销售额约 10050 亿元。2020 年，受疫情影响，为避免人群聚集，春节各类聚餐和婚宴等几乎全部取消，大量餐厅、饭馆停止营业，餐饮行业损失惨重。原本预计有望超 4.5 亿人次出游消费、旅游收入 6000 亿元左右（根据 2019 年春节假期出游人次及收入估算）的"春节黄金周"几乎冰封，酒店旅游行业遭到重创。春节档电影行业基本绝收。历年春节档 7 天在全年票房收入中占据重要地位，收入将近占全年的一成。受疫情影响，春节档主要影片宣布撤档，大多数大型院线选择暂停营业，电影行业迎来寒冬。春运期间旅客发送量明显下降，国家发展改革委节前预测，2020 年春运全国旅客发送量将达约 30 亿人次。但是受疫情冲击，旅客出行大大减少，根据交通运输部发布数据显示，2020 年春运前 27 日，全国铁路、道路、水路、民航累计发送旅客 13.18 亿人次，比 2019 年同期下降 35%。教育培训行业的特点是需要人数集聚，容易扩散疫情，因此大中小院校开学日期一再延迟。房地产行业暂停销售活动。1 月 26 日，中国房地产业协会向会员单位并全行业发出号召，暂时停止售楼处销售活动。此外，受复工推迟等影响，制造业也会受到一定的冲击。虽然现在各地不少制造业在陆续复工，但实现真正意义上的复产依然很难。一是工人完全返工存在困难；二是很多产业供应链出现断档；三是企业物流运输不通畅。当然，也不全是负面影响。目前，网上购物、订餐、娱乐等数字经济新业态十分活跃，对于医药等行业也是利好。

疫情对企业的主要影响。疫情对不同企业的影响是一样的，但是由于实力等因素，对中小企业的冲击程度更大一些。受疫情的影响，不少中小企业春节期间基本处于歇业状态。节后受复工推迟影响，不少企业不能及时复工。一些区域即使能够及时复工，但经营活动也会受到很大影响。而且，无论歇业或者经营受到冲击，企业的房租、员工工资、利息以及社保等费用都是刚性支出，部分体量较小、抗风险能力较弱的中小企业面对冲击可能会破产倒闭。根据近期清华大学朱武祥教授团队对北京、江苏、广东等地 1241 家中小企业受新冠肺炎疫情影响情况及诉求的问卷调查结果看：从维持企业生存的现金流来看，35%的企业账上现金余额仅能维持 1 个月，能维持 2 个月的有 33%。受疫情和各地防控措施的影响，账上现金仅能维持 1 个月的企业，如果不能得到及时的救助将很可能面临倒闭。从疫情期间中小企业所面临的主要支出压力来看，员工工资和五险一金占 61%、租金占 15.79%、偿还贷款占 13.3%。另外，根据四川省民营办、川商总会、新经济发展研究院共同开展的应对新冠肺炎疫情的 6000 多份专项问卷调查结果看，疫情对企业发展带来的主要影响有：营业收入减少、现金流紧张、运营成本提高、新订单减少，其中高达八成的企业认为 2020 年营业收入会减少。企业希望在税收优惠、用工补贴、运营补贴、融资帮扶等多方面获得政府的帮助。其中，减税需求最大，占 77.30%，其次是用工补贴和运营补贴。

我们要清醒认识当前疫情防控和经济社会发展形势的复杂性，增强统筹抓好各项工作的责任感和紧迫感。

第二节 统筹疫情防控和经济社会发展

新冠肺炎疫情发生以来，党中央、国务院多次召开会议研究部署疫情防控和经济社会发展等重大问题。2020 年 2 月 3 日，习近平总书记在中央政治局常委会会议研究应对新型冠状病毒肺炎疫情工作时指出："做好疫情防控工作，直接关系人民生命安全和身体健康，直接关系经济社会大局稳定，也事关我国对外开放。"①2月12日，习近平总书记在中央政治局常务委员会分析新冠肺炎疫情形势研究加强防控工作时进一步强调："统筹做好疫情防控和经济社会发展，既是一次大战，也是一次大考。"②2月21日，习近平总书记在中央政治局研究部署统筹做好疫情防控和经济社会发展工作时强调指出，"新冠肺炎疫情虽然给经济运行带来明显影响，但我国经济有巨大的韧性和潜力，长期向好的趋势不会改变。要统筹做好疫情防控和经济社会发展工作，坚定不移贯彻新发展理念，深化供给侧结构性改革，打好三大攻坚战，全面做好'六稳'工作，发挥各方面积极性、主动性、创造性，把疫情影响降到最低，努力实现全年经济社会发展目标任务"③。面对疫情影响，我们要领会落实好中央关于统筹做好疫情防控和经济社会发展的精神实质，针对这次疫情应对中暴露出来的短板和不足，变压力为动力、善于化危为机，坚决打赢疫情防控和经济社会发展的大战大考。

一、统筹做好疫情防控和经济社会发展对各级党委、政府和领导干部提出了更高的要求

统筹做好疫情防控和经济社会发展工作，是对国家治理体系和治理能力现代化的实战检验、真正测试。严峻的大战大考，对各级党委、政府和各级领导干部提出了更高的要求。

---

① 习近平：《在中央政治局常委会会议研究应对新型冠状病毒肺炎疫情工作时的讲话》，《求是》2020年第4期。

② 《中共中央政治局常务委员会召开会议　分析新冠肺炎疫情形势研究加强防控工作》，《人民日报》2020年2月13日。

③ 《中共中央政治局召开会议　研究新冠肺炎疫情防控工作　部署统筹做好疫情防控和经济社会发展工作》，《人民日报》2020年2月22日。

首先，防控疫情对完善重大疫情防控体制机制、健全国家公共卫生应急管理体系提出迫切要求，需要各级党委、政府和领导干部来推动。新冠肺炎疫情发生以来，人民群众生命安全和身体健康受到严重威胁。在党中央集中统一领导下，经过艰苦努力，防控工作取得阶段性成效。在疫情防控的过程中，也暴露出来了一些短板和不足，暴露出一些地方党委、政府和领导干部能力和水平的差距。比如，在疫情信息的及时发布、重点疫区的快速反应和防控物资储备保障等。我们要科学精准打赢疫情防控阻击战，就必须总结经验、吸取教训、抓紧补短板、补漏洞、强弱项。特别需要在防治疫情的过程中，加快完善重大疫情防控体制机制，健全国家公共卫生应急管理体系。这些工作需要各级党委、政府和领导干部讲科学、真干事、上水平。

其次，疫情发生给全面建成小康社会和完成"十三五"规划增加了新的困难，需要各级党委、政府和领导干部顶住压力。疫情的快速蔓延对我国经济、社会带来了冲击，市场主体受到不同程度的影响，一些中小企业面临着生存的挑战，疫情的突发给2020年全面建成小康社会和"十三五"规划收官增加了困难和挑战，这是个大考验、大考试。全面建成小康社会，不仅仅是经济建设，还包括政治建设、文化建设、社会建设、生态文明建设，是"五位一体"的，是坚决打好防范化解重大风险、精准脱贫、污染防治三大攻坚战的全面小康，只有这样，全面建成小康社会，才能得到人民认可，才能经得起历史检验。当前，我们就面临着重大疫情的风险考验，特别需要针对疫情的影响情况，加大宏观政策调节力度，研究制定相应政策措施，坚定不移贯彻新发展理念，深化供给侧结构性改革，打好三大攻坚战，全面做好"六稳"工作，统筹推进稳增长、促改革、调结构、惠民生、防风险、保稳定。这些工作难度极大，需要各级党委、政府和领导干部讲大局、顶压力、腰不弯。

最后，统筹疫情防控和推动经济发展体现了两个轮子一起转的政策意图和任务部署，需要各级党委、政府和领导干部重落实。2020年2月12日的中央政治局常务委员会议和2月21日中央政治局会议，都要求统筹做好疫情防控和推动经济发展工作。这既是个新提法，也是个新任务，体现出了中央"两手抓、两手都要硬"的政策思路和坚定决心。只有"两手抓、两手都要硬"，才有可能两个轮子一起转，真正打赢这场攻坚战、总体战、阻击战。两者之间，缺一不可，不能走极端，不能用一种倾向掩盖另一种倾向，这是两个需要统筹协调、把握好度的艰巨任务，需要在落实中抓实效，把党和国家的制度优势变成治理效能。当前要避免官僚主义、形式主义等弊端，分区分级精准做好疫情防控，指导企事业单位分类精准科学防控至关重要。推动有序复工复产，纠正影响复工复产的不合理、机械性的规定，妥善解决用工、物流、资金等问题。这些工作精益求精，需要各级党委、政府和领导干部干在前、担责任、受考验。

二、在大战大考中交出"勇、智、谋、能"的合格答卷

在大战大考中交出合格答卷，需要重点在"勇、智、谋、能"四个方面下功夫。

一要有责任担当之"勇"。疫情就是命令，防控就是责任。大事难事看担当，危难时刻显本色。在防控新冠肺炎疫情的严峻斗争中，党员干部不论在哪个岗位、担任什么职务，都要勇于担当、英勇奋斗。各级党政领导干部特别是主要领导干部要坚守岗位、靠前指挥，做到守土有责、守土担责、守土尽责，要深入防控疫情第一线，及时掌握疫情，及

时发声指导、采取行动。广大党员干部要不忘初心、牢记使命，牢记人民利益高于一切，组织团结广大群众，坚决贯彻落实党中央决策部署。基层党组织和广大党员要发挥好先锋模范作用，广泛动员群众构筑群防群治的严密防线，全面落实联防联控措施。要把投身防控疫情第一线作为践行初心使命、体现责任担当的试金石和磨刀石。要在疫情防控第一线考察、识别、评价、使用干部，把领导班子和领导干部在疫情防控斗争中的实际表现作为考察其政治素质、宗旨意识、全局观念、驾驭能力、担当精神的重要内容。对表现突出的，要表扬表彰、大胆使用；对不敢担当、作风漂浮、落实不力的，甚至弄虚作假、失职渎职的，要严肃问责。

二要有科学防控之"智"。疫情防控工作直接关系人民生命安全和经济社会大局稳定，要做好依法科学有序防控。第一，要做好疫情监测、排查、预警等工作，切实做到早发现、早报告、早隔离、早治疗。要加强源头防控，对车站、机场、码头等重点场所，以及汽车、火车、飞机等密闭交通工具，采取通风、消毒、体温监测等必要措施，一旦发现疑似病例就地留观。第二，要加强对湖北省和武汉市等重点地区疫情的防控。要采取更严格的措施，内防扩散、外防输出，对所有患者进行集中隔离救治，对所有密切接触人员采取居家医学管理，对进出武汉人员实行严格管控，坚决防止疫情扩散。要重点抓好防治力量的区域统筹，坚决把救治资源和防护资源集中到抗击疫情第一线，优先满足一线医护人员和救治病人需要。同时，做好确诊病例累计过千省份的防控，防止出现新的暴发点。第三，要全力以赴救治感染患者。要按照"集中患者、集中专家、集中资源、集中救治"的原则，将重症病例集中到综合力量强的定点医疗机构进行救治，及时收治所有确诊病人。要尽快充实医疗救治队伍力量，把地方和军队医疗资源统筹起来，合理使用，形成合力。要不断完善诊疗方案，坚持中西医结合，尽快明确诊疗程序、有效治疗药物、重症病人的抢救措施，提高治愈率，降低感染率和病死率。第四，要科学论证病毒来源，尽快查明传染源和传播途径，密切跟踪病毒变异情况，及时研究疫情防控策略和措施。要调动高校、科研院所、企业等各方面的资源，加快对抗击疫情所需要的疫苗、药品等的研发，尽快拿出切实管用的研究成果。

三要有统筹兼顾之"谋"。疫情防控关乎生命，经济社会发展关系生计，两者缺一不可，必须统筹兼顾。疫情严重的地区要集中精力抓好疫情防控工作，其他地区要在做好防控工作的同时统筹抓好改革发展稳定各项工作，特别是要抓好涉及决胜全面建成小康社会、决战脱贫攻坚的重点任务，不能有缓一缓、等一等的思想。要两手抓两不误，在做好疫情防控的前提下积极推动复工复产。企事业单位要做好精准科学防控，要加强员工健康监测和个人防护，实行零报告制度。落实工作场所、食堂、宿舍等防控措施，减少员工聚集和集体活动，发现异常情况及时采取处置措施。各地区各部门要分区分级精准做好疫情防控，尽快提高工业行业、交通物流、重大工程复工率，为抗击疫情提供坚实保障。要调整优化投资结构，将中央预算内投资优先向疫情重灾区应急医疗救治设施、隔离设施等传染病防治急需的项目倾斜。要聚焦攻克脱贫攻坚战最后堡垒，结合推进乡村振兴战略，以疫情防治为切入点，加强乡村人居环境整治和公共卫生体系建设。要着力稳定居民消费，加快释放新兴消费潜力，更好满足居民健康生活消费需求，进一步培养居民健康生活习惯。

四要有组织实施之"能"。疫情防控要坚持全国一盘棋，把各项落实工作抓实、抓细、抓落地。各级党委和政府必须坚决服从党中央统一指挥、统一协调、统一调度，做到令行禁止。各地区各部门必须增强大局意识和全局观念，坚决服从中央应对疫情工作领导小组及国务院联防联控机制的指挥。各地区、各部门采取举措既要考虑本地区本领域防控需要，也要考虑对重点地区、对全国防控的影响。疫情防控不只是医药卫生问题，而是全方位的工作，各项工作都要为打赢疫情防控阻击战提供支持。疫情防控形势不断变化，各项工作也不断面临新情况新问题，要密切跟踪、及时分析、迅速行动，坚定有力、毫不懈怠做好各项工作。关键是要把落实工作抓实抓细。各级党委、政府和领导干部要认真贯彻落实党中央决策部署，把疫情防控工作作为当前最重要的工作来抓，按照坚定信心、同舟共济、科学防治、精准施策的要求，尽快找差距、补短板，切实做好各项防控工作。要坚决反对形式主义、官僚主义，让基层干部把更多精力投入到疫情防控第一线。对党中央决策部署贯彻落实不力的，对不服从统一指挥和调度、本位主义严重的，对不敢担当、作风漂浮、推诿扯皮的，除追究直接责任人的责任外，情节严重的还要对党政主要领导进行问责。对失职渎职的，要依纪依法惩处。

三、通过大战大考不断提高国家治理能力和水平

要考出防控疫情的好成绩，我们必须从体制机制上创新和完善重大疫情防控举措，健全国家公共卫生应急管理体系，提高应对突发重大公共卫生事件的能力水平，通过大战大考不断提高国家治理能力和水平，真正把党的领导和社会主义制度优势转化为国家治理效能。

一要坚持运用法治思维和法治方式开展疫情防控工作，强化公共卫生法治保障。法治是制度之治最基本最稳定最可靠的保障。各级党委、政府和领导干部要全面依法履行职责，坚持运用法治思维和法治方式开

展疫情防控工作，在处置重大突发事件中推进法治政府建设，提高依法执政、依法行政水平。要完善疫情防控相关立法，加强配套制度建设，完善处罚程序，强化公共安全保障，构建系统完备、科学规范、运行有效的疫情防控法律体系。要全面加强和完善公共卫生领域相关法律法规建设，认真评估传染病防治法、野生动物保护法等法律法规的修改完善。把生物安全纳入国家安全体系，系统规划国家生物安全风险防控和治理体系建设，全面提高国家生物安全治理能力。

二要改革完善疾病预防控制体系和重大疫情防控救治体系，健全公共卫生服务体系。坚决贯彻预防为主的卫生与健康工作方针，坚持常备不懈，将预防关口前移，避免小病酿成大疫。要健全公共卫生服务体系，优化医疗卫生资源投入结构，加强农村、社区等基层防控能力建设，织密织牢第一道防线。要健全防治结合、联防联控、群防群治工作机制。要强化风险意识，完善公共卫生重大风险研判、评估、决策、防控协同机制。要健全重大疫情应急响应机制，建立集中统一高效的领导指挥体系，做到指令清晰、系统有序、条块畅达、执行有力，精准解决疫情第一线问题。完善突发重特大疫情防控规范和应急救治管理办法，健全优化重大疫情救治体系，建立健全分级、分层、分流的传染病等重大疫情救治机制。鼓励运用大数据、人工智能、云计算等数字技术，在疫情监测分析、病毒溯源、防控救治、资源调配等方面更好发挥支撑作用。

三要健全重大疾病医疗保险、救助制度，加强建设统一的应急物资保障体系。在突发疫情等紧急情况时，要确保医疗机构先救治、后收费。要探索建立特殊群体、特定疾病医药费豁免制度，有针对性地免除医保支付目录、支付限额、用药量等限制性条款，减轻困难群众就医就诊后顾之忧。健全统一的应急物资保障体系，把应急物资保障作为国家应急管理体系建设的重要内容，健全相关工作机制和应急预案。优化重要应急物资产能保障和区域布局，做到关键时刻调得出、用得上。对短期可能出现的物资供应短缺，建立集中生产调度机制，统一组织原材料供应、安排定点生产、规范质量标准，确保应急物资保障有序有力。要健全国家储备体系，科学调整储备的品类、规模、结构，提升储备效能。要建立国家统一的应急物资采购供应体系，对应急救援物资实行集中管理、统一调拨、统一配送，推动应急物资供应保障网更加高效安全可控。

第三节　加大宏观经济政策调节力度

新冠肺炎疫情不可避免会对经济社会造成冲击。为把新冠肺炎疫情对经济社会的冲击降到最低，尽快恢复经济社会秩序，习近平总书记在2020年2月12日召开的中共中央政治局常务委员会会议上强调，"要加大宏观政策调节力度，针对疫情带来的影响，研究制度相应政策措施"[①]。这为打赢疫情防控的人民战争，努力实现全年经济社会发展目标任务，指明了攻坚克难的奋斗方向。

一、疫情对加大宏观政策调节力度提出了迫切要求

针对疫情带来的影响，研究制定相应政策措施，加大宏观政策调节

---

① 《中共中央政治局常务委员会召开会议　分析新冠肺炎疫情形势研究加强防控工作》，《人民日报》2020年2月13日。

力度，统筹做好疫情防控和经济社会发展工作，具有紧迫性。

疫情的暴发对我国经济产生了负面影响，呼唤加大宏观政策调节力度。为了防止疫情的大面积传播，各地采取了一系列行政管制措施，导致人员流动急剧减少，企业面临停工停产，中小企业资金链断裂和债务违约风险增大，企业劳动关系稳定难度进一步加大。企业产品出口和贸易受到限制，产业链和供应链都面临考验。国内消费需求受到冲击。疫情的快速蔓延给微观市场主体带来了压力，对我国经济稳增长形成了冲击。面对这种情况，宏观政策必须加快调整，在保证控疫情、稳社会的同时，稳步恢复和维护正常的经济发展，帮助企业渡过难关。

确保全面建成小康社会和"十三五"规划圆满收官，呼唤加大宏观政策调节力度。2020年是全面建成小康社会和"十三五"规划收官之年，疫情的突发对我们是个巨大考验。按照党中央提出的全面建成小康社会各项要求，紧扣我国社会主要矛盾的变化，统筹推进经济建设、政治建设、文化建设、社会建设、生态文明建设，突出抓重点、补短板、强弱项，特别是要坚决打好三大攻坚战，使全面建成小康社会得到人民认可、经得起历史检验。这是我们党向人民、向历史作出的庄严承诺，也是实现中华民族伟大复兴中国梦的关键一步。这就特别需要针对疫情的影响情况，有针对性地出牌，全面做好"六稳"工作，统筹推进稳增长、促改革、调结构、惠民生、防风险、保稳定，保持经济运行在合理区间。

统筹疫情防控和推动经济的协调发展，呼唤加大宏观政策调节力度。中央要求统筹做好疫情防控和经济社会发展，需要"两手抓，两手都要硬"，只有这样，才有可能打赢这场疫情防控的人民战争、总体战、阻击战。这是一场大战大考，既不能因为疫情防控就放松忽略了经济发展，也不能单纯考虑经济社会发展而放松疫情防控。这是两个需要统筹协调的艰巨任务，需要在宏观政策调节方面有更大的作为。这就要求各级党委、政府和各级领导干部既有责任担当之勇又有科学防控之智，既有统筹兼顾之谋又有组织实施之能，切实抓好工作落实，在大战中践行初心使命，在大考中交出合格答卷，努力把新冠肺炎疫情影响降到最低，保持经济平稳运行和社会和谐稳定，努力实现党中央确定的各项目标任务。

从历史的经验来看，每当遇到困难挑战的时候，都呼唤加大宏观政策调节力度。我国社会主义市场经济体制一个很重要的特色，就是要发挥市场和政府"两只手"的作用。既要发挥市场在资源配置中的决定性作用，也要更好地发挥政府的作用。发挥政府在宏观政策调节方面的作用，该出手时就出手，这是我们的制度优势。过去每当出现困难挑战的时候，党和政府为了克服困难，都及时出手，通过宏观政策的调整来解决一些重大问题、重大困难，对把国家的制度优势变成治理效能方面进行了积极的探索。

二、加大宏观政策调节力度要坚持问题导向、目标导向、结果导向

过去，我们坚持问题导向、目标导向、结果导向方面的实践取得了明显成绩。面对国内外各种风险和挑战，我们坚持底线思维、保持战略定力，坚持稳中求进，深化改革开放，充分发挥中央和地方积极性。坚持宏观政策要稳、微观政策要活、社会政策要托底的政策框架，不断提高宏观调控和宏观政策调节的前瞻性、针对性、有效性。近些年，我国经济运行总体平稳，经济发展质量稳步提升。2019年经济增长超过6%，在世界主要经济体中位居前列。截至2019年年底，国内生产总值接近100万亿元，人均突破1万美元，具有重要的标志性意义。可以说，取

得这些成绩，是在党中央集中统一领导下，坚持问题导向、目标导向、结果导向的结果。

现在，我们在坚持问题导向、目标导向、结果导向方面取得了重要共识：必须科学稳健把握宏观政策逆周期调节力度，增强微观主体活力，把供给侧结构性改革主线贯穿于宏观调控全过程；必须从系统论出发优化经济治理方式，加强全局观念，在多重目标中寻求动态平衡；必须善于通过改革破除发展面临的体制机制障碍，激活蛰伏的发展潜能，让各类市场主体在科技创新和国内国际市场竞争的第一线奋勇拼搏；必须强化风险意识，牢牢守住不发生系统性风险的底线。这些重要认识为做好新形势下经济工作提供了重要的思想方法和工作方法。

当下，加大宏观政策调节力度必须坚持问题导向、目标导向、结果导向。问题导向，就是针对疫情带来的影响，加大宏观政策调节的力度，要在财政政策、货币政策、就业政策、社保政策等方面有新的举措，继续推出一批重要改革方案。目标导向，就是要确保全面建成小康社会和"十三五"规划任务圆满完成，要通过加大宏观政策调节的力度，统筹做好疫情防控和经济社会发展工作。两手抓，两手都要硬。确保人民群众生命健康安全，确保经济平稳发展不滑坡。结果导向，就是要聚焦重点、紧盯实效，克服形式主义、官僚主义，一个领域一个领域盯住抓落实，通过加大宏观政策调节的力度，赢得这两场"战争"的胜利，把党领导经济工作的制度优势转变为治理效能。

坚持问题导向、目标导向、结果导向必须体现针对性、操作性、实效性。实现 2020 年的发展目标，必须加大宏观政策调节的力度，在深化供给侧结构性改革上持续用力，使宏观政策更加精准、更加灵活、更加有效，体现针对性、操作性、实效性。我们要按照党中央、国务院的要求，疫情严重的地区要集中精力抓好疫情防控工作，其他地区在做好疫情防控工作的同时，要统筹抓好改革发展稳定各项工作，特别是要抓好决胜全面建成小康社会、决战脱贫攻坚的重点任务。要密切监测经济运行状况，聚焦疫情对经济运行带来的冲击和影响，围绕做好"六稳"工作，做好应对各种复杂困难局面的准备。

三、加大宏观政策调节力度要牢牢把握供给侧结构性改革的思想精髓

我们要继续发挥社会主义制度优势，加大宏观政策调节力度，牢牢把握供给侧结构性改革的思想精髓，增强政策供给的精准性、灵活性、有效性。充分展现集中力量办大事的动员能力和协同能力，完善重大疫情防控体制机制，健全国家公共卫生应急管理体系，对市场机制和政策机制配置资源的力量进行适度调整，集中全国范围的优势医疗队伍和医药物资支持疫情最严重的湖北及周边等地区，保障人民基本生活必需品的供应顺畅。从长远来看，我国整体经济韧性强、回旋余地大、稳中向好的基本面没有变。

更好发挥积极的财政政策作用，加大资金投入，保障好各地疫情防控资金需要。适当扩大地方财政政策的自主配置权，切实将更多的资金力量集中投入到公共医疗卫生领域，以便各地方财政部门针对所管辖范围的实际疫情状况，实事求是地制定精细化、差异化、弹性化的政策目标，坚决执行确诊和疑似病例的治疗费用包干政策，免除人民群众因负担治疗费用产生顾虑。

继续研究出台阶段性、有针对性的减税降费措施，缓解企业经营困难。从产业角度来看，受本次疫情影响最大的是第三产业，虽然很多行业开辟了线上经营的新模式，甚至催生出新业态，但是就服务业的根本

属性而言，绝大多数企业的生产和经营活动需要政府"真金白银"的税费让利支持，以帮助企业渡过难关，将社会损失降到最低。

保持稳健的货币政策灵活适度，金融服务既要"锦上添花"更要"雪中送炭"。对防疫物资生产企业加大优惠利率信贷支持力度，对受疫情影响较大的地区、行业和企业完善差异化优惠金融服务。对于先天抗风险能力较差的小微企业来说，特别是在疫情相对严重的地区，更加需要加大金融服务的支持力度，将金融政策红利更加向小微企业适度倾斜。

加强分类指导，有序推动央企、国企等各类企业复工复产。疫情防控和经济发展要两手抓，两个轮子一起转。在确保做好防疫工作的前提下，疫情较轻地区应当尽快复工，促进自身经济秩序和社会生活恢复稳定；恢复经济秩序的地区要驰援疫情严重地区，缓解基本生活必需品的供应压力。

以更大力度实施好就业优先政策，确保就业大局稳定。疫情结束以后就业企稳回暖的根本趋势可以预期，但中短期内会出现不少问题，特别是高校毕业生等群体就业数量大、就业时间比较集中，要多措并举做好工作。完善支持中小企业的财税、金融、社保等政策，鼓励更多企业线上招聘、培训、办公等灵活就业模式，将企业自助和社会帮扶相结合，避免大规模裁员。

第十一章 促改革：
释放高质量发展的潜力和动力

回顾这些年我国经济的发展，有一条很重要的经验就是不断地坚持改革、不断地深化改革，而且善于通过改革来破除发展面临的体制机制障碍，释放经济高质量发展的新动力。困难越是增多，越要加快改革。通过改革，把社会主义制度的优势发挥出来，把蛰伏的发展潜能激活起来，让各类市场主体在市场经济的海洋中各展其长，促进制度优势更加彰显，把党领导经济的制度优势转化为经济治理效能。

第一节 "四个坚持"推动经济高质量发展

2019 年以来，面对国内外风险挑战明显上升的复杂局面，在以习近平同志为核心的党中央坚强领导下，我国经济稳中求进、稳中有进、稳中向好，全年经济增长虽有波动，但符合预期，在世界主要经济体中位居前列，国内生产总值接近 100 万亿元，人均突破 1 万美元，具有重要的标志性意义。从主要指标来看，我国第三产业发展迅猛、活力充沛，新经济蓬勃发展，新动能不断蓄积，高技术捷报频传，屡有创新突破，实现了高质量的发展。2020 年是全面建成小康社会和"十三五"规划收官之年，按照中央经济工作会议关于"四个坚持"的精神和部署，

中国经济就有能力、有潜力、有空间、有办法实现高质量发展。

一是坚持稳中求进工作总基调。我们必须清楚地看到，我国结构性、体制性、周期性问题相互交织，"三期叠加"影响持续深化，新冠肺炎疫情对经济的影响明显，经济下行压力持续加大，高技术产业供应链风险上升，企业经营困难增大，区域分化态势明显，部分中小金融机构风险较高，一些地方基层财政运转困难，结构性失业压力有所上升。中美贸易摩擦也增加了国际环境的不确定性。2019 年以来外部环境进一步趋紧，世界经济增速降至近十年最低水平，国际上普遍对 2020 年经济走势表示担忧，因为可能呈现低增长、低通胀、低利率、高债务、高风险的"三低两高"特征，不确定不稳定因素明显增多。面对这种情况，我们必须牢牢把握稳中求进的总基调，坚持稳字当头，坚持宏观政策要稳、微观政策要活、社会政策要托底，着力做好"六稳"：稳就业、稳金融、稳外贸、稳外资、稳投资、稳预期工作。加强对国内外形势发展变化的研判，完善应对策略和政策预案，注重下好先手棋，加强部门与地方协调联动，增强政策举措的前瞻性、针对性、有效性。必须科学稳健把握宏观政策逆周期调节力度，坚持不搞强刺激，不搞大水漫灌，而是扩大有效需求，实施大规模减税降费，增强微观主体活力，把供给侧结构性改革这条主线贯穿于宏观调控全过程，实现治标和治本、当前和长远的有机结合。这也是我们过去几年做好经济工作，推动经济从高速增长转向高质量发展的重要经验。

二是坚持贯彻落实新发展理念。习近平总书记早在党的十八届五中全会上就强调贯彻落实新发展理念，强调理念是行动的先导，一定的发展实践都是由一定的发展理念来引领的，发展理念是否对头，从根本上决定着发展成效乃至成败。我国仍处于并将长期处于社会主义初级阶段，实现"两个一百年"奋斗目标，保持经济社会发展良好势头非常关键、非常重要。同时，发展也要适应时代和形势的需要而不断提高新的要求，新时代推动经济社会发展，必须坚定不移地贯彻创新、协调、绿色、开放、共享的新发展理念，推动经济高质量发展。新发展理念是一个整体，它体现的是多层次、全方位的要求，要更加适应我国社会主要矛盾的变化，紧紧扭住新发展理念来推动经济发展，注重解决发展中各种不平衡不充分的问题，决不能再回到简单以国内生产总值增长率论英雄的老路上去，决不能再回到以破坏环境为代价搞所谓发展的做法上去，更不能再回到粗放式发展的模式上去。新发展理念是一个整体，要树立全面的观念，克服单打一思想，不能只顾一点不计其余。不搞"一刀切"。政策不能只是挂在墙上，要切实抓好落实。要坚决杜绝形形色色的形式主义、官僚主义。要把能否坚持贯彻落实新发展理念作为检验各级领导干部是否增强"四个意识"、坚定"四个自信"、做到"两个维护"的一个重要尺度。

三是坚持以供给侧结构性改革为主线。近些年来，为了扭转中国经济存在的重大结构性失衡，我们推进供给侧结构性改革，标本兼治、精准施策，取得了很大的成效。有的人认为，供给侧结构性改革已经推行几年了，这个现在是不是就可以不成为主线了？这个观点是错误的。我们要牢牢把握以供给侧结构性改革为主线，增强供给的精准性、灵活性、有效性，满足市场和人民个性化、动态化、差异化，甚至定制化的需要。坚持问题导向、目标导向、结果导向，在深化供给侧结构性改革上持续用力，确保经济实现量的合理增长和质的稳步提升。2020 年是全面建成小康社会的收官和决胜之年，要继续抓重点、补短板、强弱项，对照完成相关的定性定量指标，确保全面建成小康社会。坚决打好防范化解重大风险、精准脱贫和污染防治三大攻坚战。从某种意义上讲，这三大攻坚战就是供给侧结构性改革的重点。

四是坚持以改革开放为动力。改革开放四十多年来，我们取得了巨大的成就，中国经济发展上了一个大的台阶，使我们变成了一个实实在在的经济大国，现在正在向经济强国迈进。我们要继续加大改革开放的力度，以改革开放为动力，增强我们内生的发展动力。我们要深化国资国企改革，落实支持民营经济发展的政策，推进分领域中央与地方财政事权和支出责任划分改革。要依靠改革优化营商环境，持续激发市场主体活力，深化"放管服"改革，加快打造市场化、法治化、国际化的营商环境。构建亲清的政商关系，主动帮助企业解决实际困难。加快推进更高水平的对外开放，形成全面开放新格局，要积极应对中美贸易摩擦影响，进一步拓展开放领域，优化开放布局，培育国际经济合作和竞争的新优势，要稳定和扩大利用外资，扎实推进共建"一带一路"，深化多边和区域经济合作。

我们有党的坚强领导和中国特色社会主义制度的显著优势，有改革开放以来积累的雄厚物质基础，有超大规模的市场优势和内需潜力，有庞大的人力资本和人才资源，我们一定能够战胜各种风险挑战，只要加强党对经济工作的集中统一领导，全党上下同心同德，艰苦努力，我们就能够推动中国经济高质量发展。

第二节　深化改革促进制度优势更加彰显

社会主义基本经济制度在经济制度体系中具有基础性、决定性的特殊地位，既体现了社会主义制度优越性，又同我国社会主义初级阶段社会生产力发展水平相适应，是党和人民的伟大创造。新时代深化改革促进制度优势更加彰显，把基本经济制度优势更好转化为国家经济治理效能，对坚持和完善中国特色社会主义制度，推进国家治理体系和治理能力现代化，都具有重大的理论和实践意义。

一、党和人民理论深化和实践探索的伟大创造

1992 年年初，邓小平同志发表了南方谈话，他说："恐怕再有三十年的时间，我们才会在各方面形成一整套更加成熟、更加定型的制度。"① 他还说："从现在起到下世纪中叶，将是很要紧的时期，我们要埋头苦干。我们肩膀上的担子重，责任大啊！"以习近平同志为核心的党中央铭记着邓小平同志这个历史性的嘱托，党的十九届四中全会在推进制度更加成熟、更加定型方面迈出了决定性的一步，充分体现了党中央高瞻远瞩的战略眼光和强烈的历史担当。我们在学习党的十九届四中全会精神的讨论中，深感这次全会划时代思想力量的震撼和启迪，深感制度文明推动治理走向现代化带来的阳光和温暖。全会通过的《中共中央关于坚持和完善中国特色社会主义制度　推进国家治理体系和治理能力现代化若干重大问题的决定》是一篇闪烁着马克思主义理论光芒的重要文献，在坚持和完善中国特色社会主义基本经济制度方面有了重大的突破，是习近平新时代中国特色社会主义经济思想的最新成果，是 21 世纪马克思主义经济理论的重大创新。

罗马不是一天建成的，社会主义基本经济制度更不是一天出现的。它是在新中国成立七十多年来，特别是在改革开放四十多年来的理论深化和实践探索中逐步形成并确立起来的。改革开放以后，党结合历史经验教训对如何建设社会主义进行了再认识，从我国社会主义初级阶段的

①　《邓小平文选》第三卷，人民出版社 1993 年版，第 383 页。

基本国情出发，为了解放生产力大幅度调整生产关系，开始了改革开放的伟大探索。对基本经济制度的认识，随着经济社会实践的发展而不断发展。从"私营经济是社会主义公有制经济的补充"到"公有制经济和非公有制经济都是社会主义市场经济的重要组成部分"，再到"三位一体"的社会主义基本经济制度，这些思想的解放、理论的飞跃引导着实践的革命，逐步破除了纯而又纯的单一公有制的现象，打破了"大锅饭"的平均主义，开启并确立了建设社会主义市场经济体制的改革目标。党的十九届四中全会首次把坚持公有制为主体、多种所有制经济共同发展和按劳分配为主体、多种分配方式并存，把社会主义市场经济体制这三项内容共同明确为我国社会主义基本经济制度，不断赋予社会主义基本经济制度的时代特征，并强调其具有不断解放和发展社会生产力的显著优势。

第一，揭示了坚持和完善社会主义基本经济制度与坚定中国特色社会主义自信的内在联系和互动关系。社会主义基本经济制度是党和人民在长期实践探索中形成的科学制度体系，坚持公有制为主体、多种所有制经济共同发展和按劳分配为主体、多种分配方式并存，把社会主义制度和市场经济有机结合起来，不断解放和发展社会生产力，是中国特色社会主义制度的 13 个显著优势之一，既体现了社会主义制度优越性，又同我国社会主义初级阶段社会生产力发展水平相适应，是党和人民的伟大创造。把分配方式和社会主义市场经济体制上升为基本经济制度，把两个所有制方面的毫不动摇，扩展到分配和生产的交换、流通，充分发挥市场对资源配置的决定性作用和更好发挥政府的作用上来。这三项制度就像三角形或品字形一样，构成了优势互补、相互叠加、相互完善、互相支撑、互相促进的基本经济制度"生态链和生态圈"，这个"生态链和生态圈"的构成，使社会主义基本经济制度更加完善、更加稳固、更加成熟，增强了我们对坚定中国特色社会主义"四个自信"的深刻理解和实际把握。

第二，强化了公有制为主体、多种所有制经济共同发展在社会主义基本经济制度中的重要地位和作用。新中国成立以来，特别是改革开放以来，党在总结历史经验教训的基础上，对社会主义基本经济制度的探索不断深化。党的十五大第一次明确提出公有制为主体、多种所有制经济共同发展是我国社会主义初级阶段的一项基本经济制度。从那以后，历届党代会都一以贯之坚持了这个重大判断和提法，从没有动摇过。最近几年，民营经济发展遇到了一些困难和问题。习近平总书记在民营企业座谈会上，对"民营经济离场论""新公私合营论""民营企业控制论"等奇谈怪论进行了批驳，强调我国基本经济制度写入了宪法、党章，这是不会变的，也是不能变的。党的十九大把"两个毫不动摇"写入新时代坚持和发展中国特色社会主义的基本方略，作为党和国家一项大政方针进一步确定下来。为我们构建基本经济制度"生态链和生态圈"奠定了坚实基础。党的十九届四中全会把分配方式和社会主义市场经济体制上升为基本经济制度，公有制为主体、多种所有制经济共同发展就不会感到"孤单、孤独"，有了强大的制度、体制支撑保障，其在社会主义基本经济制度中的地位和作用不是削弱了，而是强化了。

第三，释放了按劳分配为主体、多种方式分配方式并存的分配制度创新的巨大潜力和增长空间。为了避免资本主义社会那种以资本为中心的分配带来的严重不公和两极分化，新中国成立以来，我们一直探索符合我国社会主义社会的分配制度。当然，我们在过去计划经济的年代，也走过"大锅饭""平均主义"的弯路。改革开放以来，我们一方面通过市场竞争为社会发展注入活力，防止平均主义。另一方面通过宏观调控，保障社会公正。党的十三大以来逐步形成了以按劳分配为主体，其他分配方式并存的格局。党的十九届四中全会提出健全劳动、资本、土地、知识、技术、管理、数据等生产要素由市场评价贡献，按贡献决定报酬的机制，健全以税收、社会保障、转移支付等为主要手段的再分配调节机制，发挥第三次分配作用，发展慈善社会公益事业，这些都体现了党中央对以人民为中心发展思想和共享发展、共同富裕的高度重视，表明对生产要素认识更加与时俱进，更加全面深刻，对新时代分配制度改革创新拓展了巨大空间，我们有理由对"满足人民美好生活"的分配方式更加期待。

第四，体现了党对完善社会主义市场经济体制的认识和标准升华到了新的时代高度。党的十八届三中全会提出，使市场在资源配置中起决定性作用和更好发挥政府作用，突出强调了发挥两个比较优势。党的十九届四中全会把社会主义市场经济体制纳入基本经济制度，并提出完善社会主义市场经济体制更高的新要求，表明了党加快完善社会主义市场经济体制的坚定意志、战略定力和更高的标准要求。这样讲，是因为社会方方面面对市场经济给中国带来的时代变化和巨大进步多有深刻体验，对完善社会主义市场经济充满期待。这个期待就是风雨兼程向前走，而不是退回计划经济体制，更不是闭关锁国。适应并推动这个大的发展趋势，党的十九届四中全会强调要全面贯彻新发展理念，深化供给侧结构性改革，完善科技创新体制机制，构建关键核心技术攻关的新型举国体制，建设更高水平的开放型经济新体制，强化市场经济法治环境建设，加快现代化经济体系建设，推动经济高质量发展，决胜全面建成小康社会，开启全面建设社会主义现代化国家的新征程。

新时代马克思主义政治经济学理论的重大创新，更加呼唤坚持和完善中国特色社会主义行政体制，构建职责明确、依法行政的政府治理体系，形成并发挥政府与市场两个比较优势。这对于我们国家可持续发展和长治久安意义极为重大深远。值得我们倾情领会、深刻理解、用心铭记。

二、把握主要矛盾需求，不断解放和发展社会生产力

新时代要破解人民日益增长的美好生活需要和不平衡不充分发展之间的社会主要矛盾，就必须要牢牢把握社会主义基本经济制度的深刻内涵和前进方向。这是当代马克思主义政治经济学理论的重大创新，也是习近平新时代中国特色社会主义经济思想的最新成果。

习近平新时代中国特色社会主义经济思想的最新成果。多年来我们把公有制为主体、多种所有制经济共同发展作为基本经济制度，党的十九届四中全会把按劳分配为主体、多种分配方式并存，社会主义市场经济体制上升为基本经济制度。这三项制度就像三角形一样，构成优势互补、相互支撑的基本经济制度"生态链和生态圈"，为新时代构建更加有效管用、逻辑贯通、衔接匹配的经济制度体系提供了根本遵循，对国家治理体系和治理能力现代化有系统性重要影响。

经受历史风云检验、创造"中国道路"奇迹的制度密码。社会主义基本经济制度为不断解放和发展社会生产力，彰显社会主义优越性提供有效制度保证。党领导人民开创了经济快速发展的奇迹和社会长期稳定的奇迹，开创了"中国道路"。这两大奇迹的取得，基本经济制度厥功至伟，是经受实践检验的制度保证，也是我们坚定中国特色社会主义"四个自信"的基本依据。

实现"两个一百年"奋斗目标和中华民族伟大复兴的重要保障。改革开放以来党确立了以经济建设为中心的社会主义初级阶段基本路线，明确了社会主义初级阶段的历史进程至少需要100年时间。党的十八大

以来，强调我国仍处于并将长期处于社会主义初级阶段的基本国情没有变，全党要牢牢坚持党的基本路线这个党和国家的生命线、人民的幸福线。这就要求我们在实现"两个一百年"奋斗目标进程中，必须牢牢、长期坚持既体现社会主义优越性，又与社会主义生产力发展相适应的社会主义基本经济制度。

把握好我国社会主义主要矛盾变化的实际，要求我们在未来的经济发展中，要更加注重激发经济主体活力的"所有制"优势、更加注重公平共享的"分配制度"优势、更加注重推动经济高质量发展的"市场经济体制"优势。

激发经济主体活力的"所有制"优势。公有制为主体、多种所有制经济共同发展，既体现了马克思所揭示的社会主义所有制的一般特征，又适合我国社会主义初级阶段的所有制形式；既坚持公有制主体地位和国有经济主导地位，又支持、引导个体经济、私营经济、外资经济等健康发展。"两个毫不动摇"体现了制度的开放性和包容性，它促进了不同所有制企业的竞争合作，有利于各种所有制发挥比较优势，取长补短、相互促进、共同发展。它释放了对各类市场主体尊重和激励的信号，有助于调动各类市场主体的活力和创造力。

实现公平共享的"分配制度"优势。坚持按劳分配为主体、多种分配方式并存，同时允许和鼓励资本、土地、知识、技术、管理和数据等生产要素按贡献参与分配，这既强调多劳多得、增加劳动者特别是一线劳动者的劳动报酬，又承认物质利益原则和合理的收入分配差距，同时允许和鼓励其他生产要素参与分配，又强调生产要素由市场评价贡献、按贡献决定报酬，有利于调动各方面的积极性。明确数据要素按贡献参与分配，给"互联网＋"的数字经济拓宽了发展空间。明确土地生产要素由市场评价贡献的机制，将为乡村振兴战略实施奠定要素基础。规范收入分配秩序，让一切创造社会财富的源泉充分涌流，有利于公平共享、防止两极分化，逐步实现共同富裕。

推动经济高质量发展的"市场经济体制"优势。发挥市场在资源配置中的决定性作用，更好发挥政府作用，有助于形成政府与市场协同发力的比较优势。市场这只"看不见的手"具有强大的优胜劣汰的选择功能，能够有效引导资源要素配置效率和效益提升，并实现引导和激励功能。政府这只"看得见的手"既能够通过宏观调控等职能在市场失灵的领域发挥作用，引导经济"脱虚向实"，发展先进高端制造业，建设科技创新体制机制，建设更高水平开放型经济；政府还能够通过社会主义公平正义原则来规范市场秩序，贯彻新发展理念，建设现代化经济体系，促进城乡区域协调发展。总之，完善社会主义市场经济体制，能够推动质量、效率和动力变革。

三、制度优势要在深化改革中更加彰显

坚定"两个毫不动摇"，积极探索公有制的多种实现形式。要按照"毫不动摇巩固和发展公有制经济，毫不动摇鼓励、支持、引导非公有制经济发展"的原则，大胆探索公有制多种实现形式，推进国有经济布局优化和结构调整，深化国有企业改革，发展混合所有制经济，做强做优做大国有资本。健全支持民营经济、外资经济发展的法治环境，完善构建亲清政商关系的政策体系，加快完善支持中小企业发展的制度。营造各种所有制主体依法平等使用资源要素、公开公平公正参与竞争、同等受到法律保护的市场制度环境。

坚定效率、公平和共享的统筹，促进三次分配有效协同。初次分配注重效率，提高劳动报酬在初次分配中的比重，健全高质量发展就业促

进机制，做大"蛋糕"。二次分配注重公平，健全以税收、社会保障、转移支付等为主要手段的再分配调节机制。合理调节城乡、区域、不同群体间的分配关系，完善统筹城乡的民生保障制度建设和覆盖全民的社会保障体系。三次分配注重公益，发挥慈善捐赠、民间互助、志愿行动等补充保障作用，完善第三次分配的政策体系。更加注重完善扩大中等收入群体、调节过高收入的制度，完善发展成果由人民共享的更有效制度安排，努力补齐民生短板。

坚定市场经济发展的社会主义方向，建设高标准市场经济体系。加紧纵深推进市场决定性配置经济资源的制度改革，重点是加快推进生产要素市场化配置改革，完善公平竞争制度和现代产权保护制度。加强资本市场基础制度建设，建设现代金融制度体系。健全推动发展先进制造业、振兴实体经济的体制机制。健全实施乡村振兴战略和城乡融合发展体制机制，构建区域协调发展新机制。完善科技创新体制机制，加快推动关键核心技术攻关的新型体制落地。建设更高水平开放型经济新体制，加大经济领域的对外开放。

第三节　把党和国家的制度优势
转化为治理效能

落实党的十九届四中全会和中央经济工作会议精神，就是要牢牢把握中国共产党领导是中国特色社会主义最本质的特征，是中国特色社会主义制度的最大优势，党是最高政治领导力量。就是要坚决维护党中央权威，健全总揽全局、协调各方的党的领导制度体系，把党的领导落实到国家治理各领域、各方面、各环节。其中很关键的工作，就是要把坚持党领导经济工作的制度优势转化为治理效能，决胜全面建成小康社会，开启全面建设社会主义现代化国家的新征程。

一是把坚持党领导经济工作的制度优势转化为治理效能，是新中国七十多年来和改革开放四十多年来的宝贵经验总结。新中国成立七十多年来，特别是改革开放四十多年来，我们党领导人民创造了世所罕见的经济快速发展奇迹和社会长期稳定奇迹，中华民族迎来了从站起来、富起来到强起来的伟大飞跃。党的十八大以来，面对着国内外风险挑战明显上升的复杂局面，在以习近平同志为核心的党中央领导下，坚持稳中求进的总基调，坚持贯彻新发展理念，坚持以供给侧结构性改革为主线，坚持以改革开放为动力，三大攻坚战取得关键进展，经济转向高质量发展，科技创新取得新突破，人民获得感、幸福感、安全感提升，全面建成小康社会取得重大进展。这一系列成就，都离不开党对经济工作的集中统一领导，都离不开党领导经济工作的制度优势。特别是我们把公有制为主体、多种所有制经济共同发展，把按劳分配为主体、多种方式并存，社会主义市场经济体制共同作为基本经济制度，这是党和人民的伟大创造，对经济制度属性和经济发展质量有着决定性意义。

二是把坚持党领导经济工作的制度优势转化为治理效能，是克服当前的困难和问题，继续推动经济高质量发展的时代需要。中国特色社会主义进入新时代，需要开启"中国之治"的新境界，需要克服当前的困难和问题，继续推动经济高质量发展。当前我国正处在转变发展方式、优化经济结构、转换增长动力的攻关期，结构性、体制性、周期性问题相互交织，"三期叠加"影响持续深化，经济下行压力加大。当前世界经济增长持续放缓，仍处于国际金融危机后的深度调整期，世界大变局加速演变的特征更趋明显，金融动荡源和风险点显著增多。加之中美贸易摩擦，还存在着很多变量因素和不确定性。我们对这些困难和挑战要有充分的估计，要有应对准备，需要保持战略定力和底线思维，落实好、履行好党领导经济工作的职能和各项制度，议大事、抓大事、把方向、管大局、促落实，把党领导经济工作的制度优势转化为治理效能。

三是把坚持党领导经济工作的制度优势转化为治理效能，是推动新发展理念引领经济发展落实落地的重点体现。2020年是全面建成小康社会的决胜之年，也是"十三五"规划的收官之年，要实现第一个百年奋斗目标，为"十四五"规划发展和实现第二个百年奋斗目标打好基础，做好经济工作十分重要。我们贯彻落实创新、协调、绿色、开放、共享的新发展理念，贯彻落实中央经济工作会议精神，贯彻落实党的十九届四中全会精神，就要在推进国家治理体系和治理能力现代化上多下功夫，把党领导经济工作的制度优势更加充分地发挥出来。我们必须要紧扣全面建成小康社会的目标任务，坚决打赢三大攻坚战，全面做好"六稳"工作，统筹推进稳增长、促改革、调结构、惠民生、防风险、保稳定，保持经济运行在合理区间，确保全面建成小康社会和"十三五"规划圆满收官，得到人民认可，经得起历史检验。

四是把坚持党领导经济工作的制度优势转化为治理效能，是提高党领导经济工作能力和水平的重要标志。首先，要精心搞好顶层设计，把大的顶层设计和规划搞好。比如，集中全党全国人民的智慧，搞好"十四五"规划，充分发挥社会主义制度能够集中力量办大事和全国一盘棋的优势，明确工作重点和主攻方向，沿着"两个一百年"的奋斗目标而持续发力。其次，要建立一整套的、能够体现治理效能的党领导经济工作的制度体系和体制机制。党对经济工作的集中统一领导要落实到一些制度体系和体制机制上，比如说，我们推动落实新发展理念，我们就要制定与新发展理念相适应的各种指标体系、标准体系、统计体系、政策体系、绩效体系和考核体系等等，引导大家向这个方向前进。再次，需要不断地改进党领导经济工作的方式方法。要遵循经济社会发展的规律，加强对经济社会发展重大问题的研究，重大政策出台和调整要进行综合影响评估，不搞"头痛医头、脚痛医脚"的急就章、一刀切。最后，要强调提高全党干部建设经济工作的真本事。要坚定不移地坚持发展是硬道理的战略思想，把发展作为执政兴国的第一要务。要坚持按照经济规律办事，坚持以人民为中心的发展思想和新发展理念，坚定信心，勇于担当，把以经济建设为中心的声音喊得更洪亮些，把创造性的经济工作干得再漂亮些。

第十二章　强根本：
坚持党对经济工作的集中统一领导

办好中国的事情，关键在党。坚持党的领导，是一切工作的前提。中国特色社会主义最本质的特征是中国共产党领导，中国特色社会主义制度的最大优势是中国共产党领导。经济工作是中心工作，坚持加强党对经济工作的集中统一领导，是以习近平同志为核心的党中央立足新时代提出的新要求。保持中国经济稳中求进，必须坚持和加强党对经济工作的集中统一领导，不断改善党的领导，提高党领导经济工作的水平。

第一节　深刻认识党领导经济工作的
重大意义

中国特色社会主义制度是由根本制度、基本制度和重要制度构成的科学制度体系，是中国共产党带领人民经过长期奋斗积累和创造的成果，适合中国国情，顺应时代潮流，具有多方面的显著优势。其中，党的领导是中国特色社会主义制度的最大优势，决定着各方面制度的特征和优势。新中国成立七十多年来，我们党领导人民创造了世所罕见的经济快速发展奇迹和社会长期稳定奇迹，中华民族迎来了从站起来、富起来到强起来的伟大飞跃。中国奇迹、中国速度充分说明坚持党对经济工作集中统一领导的显著优势和重大意义。同时，必须清醒看到，我国经济发展进入新常态，发展面临更加严峻的挑战，国内外风险挑战明显上升，坚持和完善党对经济工作的领导具有十分重要的意义。

一、巩固和加强党的执政地位的根本保证

党的领导是中国特色社会主义制度的最大优势，决定着各方面制度的特征和优势，巩固和加强党的执政地位对充分发挥中国特色社会主义制度显著优势意义重大。在七十多年的执政历史中，中国共产党积累了丰富的执政经验，团结和领导人民取得了举世瞩目的历史性成就，赢得了人民的衷心拥护，但这并不说明党的执政地位是百分之百坚固的，党的执政地位始终面临着多方面的考验和挑战。经济基础决定上层建筑，这是马克思主义的一个基本原理，在世界形势日益复杂多变、改革开放日益深化的今天，保障我们党长期执政、我国长治久安离不开坚实的经济基础。加强党对经济工作的领导，提高驾驭社会主义市场经济的能力，充分发挥党的领导、社会主义制度和市场经济三方面的优越性，才能够充分挖掘社会主义市场经济的潜力，为我们党执政建立起坚实的物质基础和经济基础，推进社会的全面进步与发展，不断提高人民的生活水平，进一步巩固和加强党的执政地位。

二、实现执政兴国第一要务的迫切需要

发展是解决一切问题的关键。实现"两个一百年"奋斗目标、实现

中华民族伟大复兴的中国梦，不断提高人民生活水平，必须坚定不移把发展作为党执政兴国的第一要务，坚持解放和发展社会生产力，推动经济持续健康发展。在当前，要实现"发展"，首要任务就是要不断加强党对经济工作的领导，不断提高党驾驭社会主义市场经济能力。执政后，我们党不断探索社会主义经济建设规律，特别是改革开放后，随着社会主义市场经济的建立完善，我们党对社会主义市场经济内在要求和运行特点的认识不断深化，党领导经济工作的能力不断增强。但也应当看到，中国实行社会主义市场经济的时间毕竟还不长，社会主义市场经济体制仍需不断完善，还有许多规律性的问题需要在实践中进一步探索和解决。当前，我国经济已由高速增长阶段转向高质量发展阶段，正处在转变发展方式、优化经济结构、转换增长动力的攻关期。构建市场机制有效、微观主体有活力、宏观调控有度的经济体制和实体经济、科技创新、现代金融、人力资源协同发展的产业体系，推动经济发展质量变革、效率变革、动力变革，提高全要素生产率，不断增强我国经济创新力和竞争力，还需要作出更加艰巨的努力。面对复杂多变和科技竞争加剧的世界形势，面对经济进入新常态的新形势，如何深刻认识和把握社会主义市场经济的内在要求和运行特点，全面深化改革，进一步解放和发展生产力，为经济持续发展注入强大动力，仍然是一项紧迫而艰巨的任务。为此，必须加强党对经济工作的领导，不断提高党驾驭社会主义市场经济的能力，实现高质量的经济发展。

三、决胜全面建成小康社会的重要保证

改革开放之后，我们党对我国社会主义现代化建设作出战略安排，提出"三步走"战略目标。解决人民温饱问题、人民生活总体上达到小

康水平这两个目标已提前实现。在这个基础上，我们党提出，到建党一百年时建成经济更加发展、民主更加健全、科教更加进步、文化更加繁荣、社会更加和谐、人民生活更加殷实的小康社会。2020 年是全面建成小康社会的决胜之年，做好经济工作十分重要。要以习近平新时代中国特色社会主义思想为指导，全面贯彻党的十九大和十九届二中、三中、四中全会精神，坚决贯彻党的基本理论、基本路线、基本方略，增强"四个意识"、坚定"四个自信"、做到"两个维护"，紧扣全面建成小康社会目标任务，加强党对经济工作的领导，坚持稳中求进工作总基调，坚持新发展理念，坚持以供给侧结构性改革为主线，坚持以改革开放为动力，推动高质量发展，坚决打赢三大攻坚战，保持经济运行在合理区间，确保全面建成小康社会，得到人民认可、经得起历史检验。

四、应对世界形势深刻变化的现实需要

中国的发展离不开良好的外部环境。当前，世界经济增长持续放缓，仍处在国际金融危机后的深度调整期，世界大变局加速演变的特征更趋明显，全球动荡源和风险点显著增多，地区热点问题此起彼伏，局部冲突和动荡频发，贫富分化日益严重，恐怖主义、网络安全、重大传染性疾病、气候变化等非传统安全威胁持续蔓延。这些问题是引发各种风险的内在隐患，使中国发展的外部环境充满潜在的风险。面对各种不稳定性不确定性的外部挑战，趋利避害，提高应对国际形势复杂多变的水平，为中国发展创造良好的外部环境，实现经济持续稳定发展，必须加强党对经济工作的领导，不断提高驾驭社会主义市场经济的能力，做好工作预案。否则，当威胁真的来临时，我们必然束手无策，影响国内发展大局。

第二节　牢牢把握党领导经济工作的正确方向

坚持和加强党对经济工作的集中统一领导，要正确认识当领导经济工作的基本规律，牢牢把握党领导经济工作的正确方向，在把握方向、总揽全局、协调各方、战略引导、宏观调控、营造良好环境等方面的作用，充分发挥好党领导的显著优势。

一、牢牢把握社会主义市场经济的发展方向

社会主义市场经济，是社会主义制度与市场经济的结合，是社会主义而不是其他什么主义与市场经济的结合，是在中国共产党领导下并坚持社会主义制度的。社会主义市场经济的发展方向是社会主义，社会主义制度决定着社会主义市场经济的性质。但社会主义制度与市场经济的结合既不是社会主义制度自发的结果，也不是市场经济的主动结合，必须依靠党的领导来完成这一伟大进程。而在结合的过程中，能否实现二者的良性融合，能否在结合中既牢牢坚持社会主义的发展方向，又能充分发挥市场经济的效率，关键也在党的领导。社会主义市场经济必须服从、服务于中国特色社会主义整体要求，服务于人民共同富裕的社会主义本质要求。若离开了党的领导，离开了社会主义制度，就必然改变自身的性质，就不是社会主义市场经济了。

二、发挥好总揽全局、协调各方的领导核心作用

党领导经济工作，根本在于发挥好总揽全局、协调各方的领导核心

作用。党领导经济发展，党中央主要是把握方向、谋划全局、提出战略、制定政策、推动立法、营造良好环境。地方党委主要是结合本地实际确定经济社会发展的基本思路和工作重点，加强和改进对经济社会重大事务的综合协调，精心组织实施，强化督促检查，确保中央方针政策和各项部署的贯彻落实。在党委和政府的职能划分及工作布局上，涉及经济社会发展规划、重大方针政策、工作总体部署以及关系国计民生的重要问题，由党委集体讨论决定。经常性工作则由政府及其部门按照职责权限进行决策和管理。

三、对宏观经济进行战略引导

制定国家发展规划是党领导经济工作的重要手段。国家发展规划集中体现了党引导经济的战略意图和中长期发展目标，必须举全党全社会之力推进实施。

一是强化规划引导约束。增强国家中长期规划和年度计划对公共预算、国土开发、资源配置等政策措施的宏观引导、统筹协调功能，实现宏观调控的目标和手段有机结合，提高规划的引领性、指导性和约束性。

二是健全规划体系。加强规划统筹管理，构建层次分明、功能清晰、相互协调的发展规划体系，强化专项规划和区域规划对总体规划、地方规划对国家规划的支撑，提升规划的系统性。

三是创新规划实施机制。在中长期规划纲要中期评估和终结评估的基础上，组织开展年度监测评估，强化国家战略在各个层面的统一落实，确保一张蓝图干到底。

四、对经济发展进行宏观调控

宏观调控是党领导经济工作的主要手段。通过制定相关政策、完善政策协调机制等，实现党对经济工作的宏观调控。

一是通过制定财政、货币、消费、投资、产业、区域等政策，对经济进行调控。通过加快建立现代财政制度，更好发挥财政政策对平衡发展的积极作用。提升货币政策的适应性和灵活性，深化金融体制改革，促进多层次资本市场健康发展，增强金融服务实体经济能力。优化促进消费转型升级的政策组合，更好激发消费潜能，增强消费对经济发展的基础性作用。强化投融资政策对优化供给结构的关键作用，提高资金使用效率，激发民间有效投资活力。精准实施产业政策，促进新旧动能接续转换。创新完善区域政策，持续推进城乡协调协同发展，拓展经济发展新空间。

二是完善宏观经济政策协调机制。加强对宏观经济政策的综合协调，实现宏观调控目标制定和政策手段运用机制化，增强宏观调控的针对性、前瞻性、灵活性和协同性，使多重目标、多种政策、多项改革之间平衡协调联动。强化宏观经济政策统筹，加强对政策时序、边界、方向、目标的协调，增强财政、货币、产业、区域、投资等政策之间的优化组合，提高政策的系统性，并协同形成宏观调控的政策合力。

五、为经济发展营造良好环境

通过界定好政府和市场边界，提高党领导经济工作的科学性和艺术性，为实现经济社会持续健康发展创造良好环境。

一是加强风险防范和应对处置。强化底线思维，建立健全风险识别和监测预警体系，重点提高财政、金融、房地产、能源资源、生态环境等方面的风险防控能力，坚决守住不发生系统性、区域性风险的底线。

二是提升服务监管水平。密切关注新技术、新产业、新业态、新模式发展，主动优化服务、创新监管，明规矩于前、寓严管于中、施重惩于后、存包容于严，为新兴生产力成长开辟更大空间。

三是强化社会预期管理。把预期管理作为经济调控的重要内容，提高政策透明度和可预期性，用稳定的宏观经济政策稳住市场预期，用重大改革举措落地增强发展信心。

四是加强国际层面的沟通协调。以更加宽广的全球视野，积极主动参与国际宏观经济政策沟通协调及国际经济规则调整和构建，防范系统性风险，力争营造良好的外部经济环境。

第三节　不断提高党领导经济工作的能力和水平

加强党对经济工作的领导，需要改善党的领导，不断提高党驾驭社会主义市场经济的能力和水平。

第一，不断加强党的理论创新和发展。恩格斯也曾经讲过："一个民族要想站在科学的最高峰，就一刻也不能没有理论思维。"①理论来源于实践，但又反作用于实践。理论创新能够推动实践活动的层次、质量不断提高和更新，为社会创造出更多、更有价值的成果。党对党与市场

---

① 《马克思恩格斯选集》第 3 卷，人民出版社 2012 年版，第 875 页。

经济的关系、党在经济工作中的作用、党对经济工作的集中统一领导等理论认识也是一个不断创新发展的过程。改革开放前，我国学习苏联模式，实行高度集中的计划经济体制，虽然有党的领导，但由于违背了经济发展的客观规律，使得经济关系不协调，甚至畸形化，缺少活力。改革开放后，党总结了以往的经验教训，建立并逐步完善社会主义市场经济体制，形成了市场和政府"两只手"协同运用的有效机制，促进了经济的快速发展。但在一个时期，由于片面理解和执行党政分开，在经济等领域党的领导弱化的现象还不同程度存在，造成了一些经济乱象，影响经济的持续健康发展。党的十八大以来，在以习近平同志为核心的党中央的集中统一领导下，不断推动理论创新，对党的领导等理论认识不断深化，提出了中国特色社会主义最本质的特征是中国共产党领导，中国特色社会主义制度的最大优势是中国共产党领导，坚持加强党对经济工作的集中统一领导等重要思想，有力地指导了新时代我国经济发展实践，取得了历史性的成就。党的十九届四中全会全面回答了在我国国家制度和国家治理上，应该"坚持和巩固什么、完善和发展什么"这个重大政治问题。特别是明确指出坚持党的集中统一领导，是我国在国家制度和国家治理上的显著优势，并就坚持和完善党的领导制度体系提出了基本要求。同时，在公有制为主体、多种所有制经济共同发展作为基本经济制度的基础上，把按劳分配为主体、多种分配方式并存，社会主义市场经济体制上升为基本经济制度。这些理论创新为当前坚持和完善党对经济工作的集中统一领导提供了理论指导。但坚持和完善党对经济工作的集中统一领导是一个重大的理论和实践问题，这些年虽然在理论上有不少突破和创新，但仍然有许多问题亟须深入研究，如怎么做好党的领导制度体系与经济制度体制的融合，党的建设与国企业务的融合等等。

第二，理顺党领导经济工作的体制机制。提高党对经济工作的领导水平，必须深化党和国家机构改革，完善保证党的领导的制度安排，努力从机构职能上解决党对经济工作领导的体制机制问题，从制度上保证党对经济工作的有效领导。同时要看到，由于一个时期片面理解和执行党政分开，在经济领域还不同程度存在党的领导弱化的现象。当前，中国特色社会主义进入了新时代，我国经济发展也进入了新时代。新时代提出了新要求，与新要求相比，我国经济发展的体制性障碍还未完全消除，特别是政府职能转变还不到位，市场和政府发挥作用还不够充分，有些该管的事没有管好或管到位，有些该放的权没有下放或放到位，对微观经济事务干预过多过细，社会管理和公共服务职能比较薄弱，有的出现职能错位、越位、缺位等现象。这些问题的存在，一定程度上制约了社会主义市场经济体制的完善，抑制了经济发展活力，同时也容易产生以权谋私、权钱交易等腐败现象，损害党群关系，损害政府威信。这就要求围绕使市场在资源配置中起决定性作用和更好发挥政府作用，深化党和国家机构改革，进一步理顺政府与市场的关系，不断提高党领导经济工作的水平，推动实现更高质量、更有效率、更加公平、更可持续的发展。

第三，不断改进党领导经济工作的观念、体制和方式方法。要从系统论出发优化经济治理方式，协调不同部门不同政策在国家治理体系中的定位和功能，在多重目标中寻求动态平衡，在高质量发展中实现系统优化。不断加强党领导经济工作制度化建设。党的十八大以来，党中央通过加强中央财经领导小组和中央财经委员会工作机制，党中央形成了每季度分析研究经济形势，定期研究部署重大战略问题等制度，在领导经济工作方面取得明显成效。要不断完善党委研究经济社会发展战略、定期分析经济形势、研究重大方针政策的工作机制，推动党领导经济社会工作制度化、规范化、程序化。不断提高党领导经济工作法治化水平。社会主义市场经济本质上是法治经济，经济秩序混乱多源于有法不依、违法不究，因此必须坚持法治思维、增强法治观念，依法调控和治理经济。特别是领导干部尤其要带头依法办事，自觉运用法治思维和法治方式来深化改革、推动发展、化解矛盾、维护稳定。不断增强党领导经济工作的专业化能力。进入新时代，我国经济发展面临的国际国内形势日趋复杂，经济发展领域不断拓宽、分工日趋复杂、形态更加高级、国内外联动更加紧密，这些都对党领导经济工作的专业化水平提出了更高要求。各级领导干部要自觉加强学习，完善知识结构、增长专业能力，切实提高领导经济工作的科学化水平。各级党委要把握好研究新时代经济发展的机遇与挑战，深入研究重大经济问题，不断提高党把方向、谋全局、提战略、定政策的能力。

第四，不断提高党的各级干部领导经济发展的能力。提高党领导经济的水平，关键在干部。一是加强培训学习和实践锻炼，增强领导干部的能力水平。要不断学习经济工作中的新知识，研究新情况，解决新问题。同时，组织干部到经济实践当中经风雨、见世面、壮筋骨、增才干。不断提高干部谋划发展、统筹发展、优化发展、推动发展的本领。要巩固好、用好"不忘初心、牢记使命"主题教育成果，激励广大党员干部通过向实践学习、向理论学习、向经验学习、向先锋学习，牢牢把握马克思主义的立场、观点、方法，牢牢把握习近平新时代中国特色社会主义思想，不断增强自身的"真功夫"。二是不断优化领导班子知识结构和专业结构。要从选拔、任用、考核、培训等多方面入手，特别注重在党政领导班子中充实配备熟悉宏观经济、工业、农业、金融、外经外贸、城市建设、社会管理的干部，提高班子成员的专业化水平。对干部领导科学发展的素质和能力，要提出明确指标和刚性约束，尽快健全有利于创新发展、协调发展、绿色发展、开放发展、共享发展的目标体系、考核办法、奖惩机制。三是要深化干部人事制度改革。要认真贯彻落实习近平总书记关于新时期好干部标准和"三严三实""忠诚干净担当""四有"等要求，把完善干部选拔任用制度与完善考核评价、管理监督、激励保障制度结合起来，抓住群众反映强烈的突出问题，着力推进，重点解决干部"能下"问题。

后　记

应人民出版社之约，我们组织中共中央党校（国家行政学院）马克思主义学院、经济学教研部、公共管理教研部、研究生院的有关专家、学者共同编写了这本《稳中求进的中国经济》，以期在决胜全面建成小康社会的关键时刻，克服疫情给我国经济带来的压力和挑战，为我国经济的高质量发展贡献学人的绵薄之力。

本书由中共中央党校（国家行政学院）马克思主义学院院长张占斌教授担任主编，经济学教研部副主任王小广研究员、马克思主义学院科研秘书黄锟教授、公共管理教研部公共经济教研室主任樊继达教授担任副主编，参加本书编写的还有徐杰教授、王海燕副教授、樊亚宾博士、杨霖霖博士、史毅博士等。黄锟教授协助主编进行了统稿和组织工作。

人民出版社经济与管理编辑部主任郑海燕编审为本书出版出力甚多，从选题设计到申请报批，从版式内容到完善观点审读，都发挥了重要作用。我们与她的合作已经有七个年头了，她的敬业、敏锐、严谨和细致、耐心、高效，给我们留下了极为深刻的印象，让我们对人民出版社编辑的能力和水平充满敬意！

编者

2020 年 2 月 22 日